笑う老人生活

髙嶋弘之

GENTOSHA

はじめに

いい音楽に出会うと、「生きていて良かった」と思います。

89歳、髙嶋弘之。

あと何回、人に喜んでもらうことができるか。

大切な友人、知人、助けてくれる多くの人、出会ったみんなに感謝の思いを込めてこれからもどんどんごちそうしたい。

食べている時はみんな笑顔。

そんな笑顔をひとつでも多く見たい。

出会いを楽しみながら
日々生きています。

２０１７年の夏に、連れ合いを亡くしました。

55年間人生を共にした、大切な人生の伴侶でした。

まもなく7回忌。

いずれ私も行くあちらの世界。

あの世に行けば会えるものと思っていますが、いまだにあちらの住所を知らせてこない、我が妻。

「あの世では、自分を探さないでくれ」

こう、生前の奥様から言われた友人がいました。

我が妻も、いまだあの世の住所を知らせてくれないところをみると、もしかしたら「あの世では探さないで」組なのか……。


妻との別れは、体を半分持っていかれたような辛さがありました。

娘のちさ子は私が呆けるのをひどく心配していたようですが、そんな心配をよそに、私はテレビに出たり、こうして本を書いたり、沢山のご縁のおかげで、日々笑いとともに生きています。89歳にして、今が一番幸せ。人生でもっとも充実の日々を過ごせていると思います。

ゴールデン90ももうすぐ。

今日もご飯が美味しい、太陽はまぶしく、風が心地よい。

生きているって素晴らしい。

隣に妻がいないことは寂しいけれど、彼女にはいつかきっとまたどこかで会えると思っています。

長年の連れ合いを亡くされた方、いつまでもくよくよするのはやめましょう。

遅かれ早かれ、再会できるものと信じましょう。

再会できるその日まで、「笑う老人生活」を送りましょう！

笑う老人生活　目次

はじめに……003

第一章
「愛されるじいさん」になる!?

天然だけど、ちょっと頭を使っています……016
●ワタシ、人と会ったらしゃべりまくります

悪い人なんていないから、誰にでも話しかけます……020
●ワタシ、人見知りしません

出会った人に笑ってもらいたい……024
●ワタシ、計算しないね

85歳からのテレビデビュー 031
● ワタシ、80歳過ぎてから初体験ばかり
職場でもレストランでも、一度会ったらみな友達 035
● ワタシ、定年してから気づきました
心の持ち方ひとつで、全部変わる 039
● ワタシ、アクシデントもプラスに変えます
みんなが自分のことを好きだと思い込む 043
● ワタシ、超ポジティブです

第二章 体を鍛え、身なりを整えれば、20歳は若くいられる

毎日欠かさず150gの肉食 048
● ワタシ、スタンプカードを集めてます

老人こそスーツを着てダンディーに見せる……051
●ワタシ、おしゃれ心もあるんです
88歳からライザップに通ってます……053
●ワタシ、マスターズ陸上競技参加が目標です
朝ごはんは未知子、夕飯は私が作ります……059
●ワタシ、料理もしますよ
糖尿病ですが、何か？……065
●ワタシ、長年、血糖値コントロール生活です
自動車免許を返納したのは、5万円儲かる計算だったから……069
●ワタシ、バスに乗りまくってます
普通に歩けるけど、杖をつきます……072
●ワタシ、愛用の杖は木製のステッキです
徹子さんに会うから、補聴器新調しました……075
●ワタシ、夢が叶いました

第三章 みっちゃんとの生活

長女・未知子が教えてくれたこと …… 080
●ワタシ、長女が61歳になりました
ダウン症を隠す時代だったけれど …… 088
●ワタシ、ダウン症児のご家族に自然と一声かけます
還暦の未知子とのコレカラ〜これからの3年計画 …… 095
●ワタシ、3年計画があるんです
未知子と弘之の おまけのトークタイム …… 099

第四章 会いたくても、会えない人

妻との別れ
●ワタシ、愛妻家だったんです 112

母の最期
●ワタシ、最後の親孝行しました 118

兄貴の話
●ワタシ、兄貴と上京してきたんですよ 122

叶わなかった、親友との卒寿の会
●ワタシ、幼稚園からのマブダチがいたんです 125

第五章 仕事って楽しいものです

年をとってもルールを守り、対等に働く …… 132
●ワタシ、礼儀を大切にします
タブーを逆手に …… 135
●ワタシ、意外と策士です
やり直せない失敗は、違うアプローチでカバー …… 142
●ワタシ、機転をきかせます
空気を読んで、相手との距離感を見極める …… 150
●ワタシ、空気読みまくりです
ちょっとした「応援コメント」は欠かさず送る …… 154
●ワタシ、実はマメです
詩「一本の鉛筆」が教えてくれたこと …… 157
●ワタシ、原点に立ち返りました

最終章
老人こそレット・イット・ビーで

俺は死なない……162
●ワタシ、100まで生きそうです
人生は不可解……165
●ワタシ、悟りの境地に達せられないです
死ぬまで仕事……168
●ワタシ、感動を人と共有したいんです
歩を止めるな……172
●ワタシ、生きてます!!
興味忘れず、レット・イット・ビーで……175
●ワタシ、あるがままを貫きます

番外編
ビートルズと僕

ビートルズの仕掛け人……180
ビートルズ・カットの裏話……183
女子高生に「キャー」のお願い……184
女子大生に「電話リクエスト」のお願い……185
週間売上速報もハッタリ……187
ジョン・レノンが加山雄三を羽交い締め……189
ビートルズの日本語タイトルは、タカシマ流……191

おわりに……194

装幀　石川直美（カメガイ デザイン オフィス）
画　松林モトキ
DTP　美創
編集協力　大崎百紀
JASRAC 出 2307238-301

第一章
「愛されるじいさん」になる!?

天然だけど、ちょっと頭を使っています

髙嶋弘之、89歳。
よくしゃべると言われます。
はい。その通りです。
周囲からは「黙れ」と言われますが、黙り(れ)ません。
結婚披露宴も、スピーチ依頼があるか否かで、出席を決めます。

トークはノリです。
ノリで話します。

言ってもいいギリギリのところまで話すのが、弘之流。

人は、ちょっとした内緒話が好きですよね。

ギリギリのラインで話しているので、「あっ、言いすぎちゃったかな」と思う時も勿論ありますが、あまり気にしません。発言した後にそれを悔やんでも意味がないからです。

「後悔」はしないけど、「反省」はします。

面白トークのコツは、ありのまま真剣に話すこと。

相手に聞いてもらおう、相手に伝えたいという思いを持って真剣に話せば、たいていの話は面白くなります。ウケを狙って話すのはダメ。盛るのもダメです。盛りたい気持ちはわかるけど、面白トークの秘訣は「ありのままを話す」ところにあると思います。

普通に話すだけでも、ちょっとしたことで面白い話って、実は周囲に沢山あります。

いい加減な気持ちで話したら、つまらなくなります。端折《はしょ》るのもダメ。自信を持って、サービス精神とともに、真剣に、面白そうに話すと面白いですよ。

面白そうに話すって、言い換えれば自分も面白がって話すということ。

ちなみに僕が話す時は、そこに自分自身が存在しているようなリアルな映像を思い浮かべながら話します。その映像の中で登場人物が動いている。

だから私のトークには、登場人物の名前がフルネームで出てきますし、固有名詞もバンバン出る。聞き手にとっては余計な情報かもしれませんが、私はそれを口にすることで、より詳細に話しやすくなります。

何かを真剣に話そうと思ったら「Aさんが、この前ね。とある駅でね」みたいな話し方をしない方がいいと思います。気持ちも入りにくいし、相手にも伝わりにくくなります。この方法で、「老人の話はつまらない」を払拭したいんです。

ただ誰に何を話したかを忘れることもあるので、同じ話を同じ人にしてしまったりします。

はい、それは申し訳ない。

面白そうに話すと面白く感じる。80代のトークはノリでノリきる。

悪い人なんていないから、誰にでも話しかけます

いつだって、どこにいたって、誰にだって話しかけますよ、ワタシ。

バスを待っている時だって、「バス遅いですね」と自分から見知らぬ人に声をかけますよ。

話しかけられて嫌な顔する人なんて、ほとんどいません。

みんなニコって笑って、「そうですね」なんて、返してくれます。

その一言から、会話が始まります。

きっかけの一言なんて、大したことないものなのですが、それができるかできないか。大きいと思います。

世の中には、悪い人なんていないから、
誰にだって、話しかけますよ。

そう信じていますから。

もし相手が悪い人だとしても、僕がその人を「悪い人」だという先入観を持たずに付き合えたら、僕はその人の良いところを見つけられるかもしれないし、その人の良さを引き出せるような気だってしています。

すべては自分次第。

困っている人がいたら声をかけるし、誰かの役に立ちたいと思う。

どこかの誰かの笑顔を引き出すために自分にできることは何だろう。

そんなことを考えながら、いつもどこかで、誰かと話している気がします。


あぁ、こんなこともありました。今では笑い話。

だいぶ前の話です。家の近くを運転していた時のことです。

すぐそばを若い男性が歩いているのが、目に入りました。

そのあたりは、僕が長く暮らしているエリア。

あぁ、たぶん近所の人だなと思って、車の窓を開けて、

「駅まで？」

こう声をかけたんです。

「はい、そうです」

と若者。

「じゃ、乗ってちょうだい。駅まで送ってあげるよ」

と僕。

その人、乗ってきました。

でもね、まったく知らない人だったんですよー。

後から知ったのですが、その方は、日本テレビに勤める人でした。
会社に着いてから、職場でえらく怒られたそうですよ。
「お前、そんな知らない人の車にどうして乗ったんだ？」って。
こう答えたらしいです。
「駅までの5分くらいの間に高嶋さんの一生を聞いた」って。
笑ったねー、これには。ハハハハハ。
しゃべってたんだね、その間。ワタシ。
「あなたビートルズ知ってる？」って言いながらね。
そりゃ、しゃべりますよ（笑）。

相手は鏡。
相手を信じるから信じてもらえる。

出会った人に笑ってもらいたい

お昼ごはん何食べようかなと、ぶらり入った家の近くに新しくできた小さなスーパーから出たところ、27、28ぐらいかな、若い女性から「ちさ子さんのお父さんですか〜」と声をかけられたことがありました。

「あぁそうですよ」って答えたら、その女性、すっごい嬉しそうだった。満面の笑みでね。飛び上がらんばかりに、喜んでくれた。

そういうの、嬉しいですよ。本当にね。

僕みたいな人間でも、見知らぬ誰かをこんなふうに笑顔にさせられるってね。

「あなた、このお近くなの？」

「上野毛○丁目」

「あぁ僕もそこだよ、住んでるの」

隠さず伝えましたよ。

「あぁそうなんですか〜。あぁ、お会いできて嬉しかった」

そう言って、彼女は笑って、歩いて行きました。

その後ろ姿を見て、思いました。私、テレビに出る機会が増えましたけど、別にカメラが回っていても、思ったことをそのまま普通に言っているだけ。いつでもどこでも計算しないワタシですけど、喜んでくださる方がいらっしゃるなんて、一周回って私まで嬉しいデス！

別の日は、代官山のオフィスのそばでタクシーを降りた時、二人連れの若い女性が「髙嶋さーん!」って、遠くから手を振っているではないですか。見れば、私がよく行く豚肉のお店(後述)でよく会う女性です。

「豚(の店)、行った?」

「今行きましたー! その帰りー! タクシー探してます」

「おぉごめんね。今(僕たちが降りたタクシー)行っちゃったよ〜」

「またねー」

って。これだけのやりとりですが、よく考えてみると60歳以上も年下の女子に、こんなふうに道路の反対側から大きな声で、「髙嶋さーん」なんて、呼びかけてもらえる90近い老人がいるでしょうか。

このような出来事は、実はいたるところであります。

「髙嶋さーん!」

「はーい」

実に嬉しいですねぇ。

若い人に迷惑をかけないように生きたいとずっと思っています。

と同時に、「髙嶋さんと会って話をしたら、楽しかった」と、一人でも多くの人に思ってもらえるようにと生きています。誰かに喜んでいただけるようにと、生きています。

だから、たいてい、出会いがあれば、しゃべりまくりますよ。


この前は、自宅最寄り駅で、用賀行きのバスを待っていた時。

なんだか高そうな車がぴたりと私の前に止まるじゃないですか。

窓が開いて、

「髙嶋さーん」なんて、声かけてくださる。

「どうぞ、乗ってください」

お顔を見たけど、うーん。ちょっとわからない。

きっと同じマンションの住民の一人だろう、知らん顔したらまずいと思って、

「あ、いいですか？」

乗りました。

「どちらまで？」

「用賀駅まで」

全然知らない人だったんです（笑）。

「いつも、テレビ観てます」って言われて、
あぁ、テレビを観て僕を知っている方だったのかー。

「用賀駅のちょっと手前で降ろしてください」

とお願いして、メガネストアの近くで降ろしてもらったんです。

ちょうど、「徹子の部屋」の収録が近かったので、補聴器の調整に行きました。

で、お店を出たら、その前でまだ待ってくださっていたんです。驚きましたね～。

まるでマネージャーの車ですよ。

つい先日はバス停に立っていたら、目の前にすっとタクシーが止まって、「髙嶋さん？　いつもテレビ観てるよ、乗って、乗って」

タクシーの運転手に声かけられちゃった。

タクシーに乗るほどの距離でもないしな、とは思いましたが、「あ、そう。じゃお願い」って乗りました。

だって、せっかくのお誘いですからね（笑）。

お支払いしていたら、

「こちらから、お誘いしたのに（お支払いさせて）すみません」みたいにおっしゃるけど、

「いえいえ、お声がけいただいて嬉しかったですよ」ってね。

声をかけていただくのは嬉しいことですから。

見知らぬ人との意外な繋がりには、
大きな喜びがいっぱい。

85歳からのテレビデビュー

家内が間質性肺炎で逝ったのは、２０１７年のことでした。今から6年も前になります。もう7回忌です。

まさか、まさか僕より先に家内が逝くとは思ってもいなかったので、別れた当初の僕は、抜け殻みたいでしたね。もう、どうやって生きていったらいいのかわからない。

ほうけたような状態でいたところ、ちさ子が「お父さんがボケてしまう」とやたら心配していたそうです。それで、私に刺激を与えるためにと、テレビ出演を仕込んでくれた。

これ、全部後から聞いた話です。

おかげで、85歳にしてテレビデビューをしました。

「1周回って知らない話」「しゃべくり007」（日本テレビ）や「徹子の部屋」「ザワつく！金曜日」（テレビ朝日）などです。


音楽プロデューサーとして、芸能関係の仕事を長年やってきましたが、全部裏方です。

表舞台に立ったことなどない、まったくの素人です。

そんな自分がテレビに出ることになった。

緊張するかと思いましたが、まったくしませんでした。

話を聞いてくれる人が沢山いて、大好きなトークを好きなだけできて、なんだか逆に有難かったです。自分が一番楽しんでいましたねぇ。そもそも自分のトーク、（テレビのために）面白くさせようとか考えたことありませんし。

いろんな番組に出るようになって、「次はドラマか！」なんて冗談交じりに聞いてくださる方もいらっしゃいます。

はい。勿論、出ますよ。

いい役だったら、出ますよ。

中学2年から芝居して兵庫県の演劇コンクールで優勝。神戸高校では3年間芝居ばっかりやってきました。お芝居、お任せあれ！　です。

オファー待ってます！

結局私は、仕事でもプライベートでも「人を喜ばせてなんぼ」みたいなことをやってきているようですね。

誰かの笑顔は私の喜び。どこかの誰かの幸せのために、ワタシは今日一日を生きている。

最高の老人生活ですよ。

知名度アップでビックリ。
意外にテレビに向いている？

大学生のワタシ。
意外とイケメンでしょ。

職場でもレストランでも、一度会ったらみな友達

仕事でもプライベートでも、食事先でも、どこにでもあるのが人との出会い。

その出会いを大切に育める人と、人付き合いを丁寧にできない人とでは、その後の人生の豊かさは大きく異なると思います。

僕は肩肘張らずに、どちらかというと自分勝手に生きているけれど、人間関係は丁寧にやってきた方だと思っています。

友人は人生の宝です。

人との出会いは、人生の栄養になります。

だから、人に会う前には、いつも「どんな人かなぁ〜」と楽しみで、楽しみで、たまりません。

緊張もしません。

ただ、しゃべりすぎないようにしなくちゃ、とは考えています（笑）。

実は、そこは自分なりに気を付けています。

しかしですね。今僕が通っている「ライザップ」の担当者が、とにかく、しゃべるしゃべる。僕を差し置いて。おいおい。金を払っているのは僕なんだぞって思うぐらい。

でもとても楽しい。若くていい青年です。中田航くんです。

先日はえらそうに彼にこんなふうに言っちゃった。

「僕はライザップには体を鍛えるために通っているけど、もしかしたらここには孤独な人も来ているかもしれない。だから君のそんなおしゃべりはきっと、そういう人の心を温めるだろうね。僕もトレーニングはきついけど、君とのおしゃべりは楽しいよ。体だけのライザップではなくて、心のライザップになってもいいかな」ってね。余計なお世話!?

僕はいつも、自分の知人とか友人の良いところを、他の人に紹介したいと思っているんです。

それも面白可笑《おか》しく。一種のサービス精神なのかと思います。

せっかくこの人にはこんな素晴らしいところがあるのだから、もっと別の人に、たとえばこんな人に教えてあげたい。繋いで、双方が幸せになってほしい。そういう思いがむくむくと芽生えます。

家内が生きていた頃は、よく友人、知人を我が家にご招待しました。

友を紹介したり、会話を楽しみながら絆を深めたり。これ、とても大切だと思います。

自宅に何もごちそうがない時に、僕が誰かをご招待しようとしたら、家内は「今日は何もない」と申し訳なさそうに言うんですが、その都度僕は言っていました。

「おにぎりひとつあったらいい。楽しい会話があったら、それでいい。その方がいい」

大事なのは、ごちそうじゃなくて、友人をもてなす会話力だと思います。

おにぎりひとつあれば、友人を
もてなせる。大事なのは会話ですよ。

心の持ち方ひとつで、全部変わる

だいぶ前の話ですが、休暇でロサンゼルスに行った時、ワタシ、運転中に追突事故にあってしまいました。もとは私のミスです。

日本と逆の右側通行に慣れずに、左側からの車に対応しきれず、運転中に急ブレーキをかけてしまったことが原因です。後ろを走行中の車がガシャーンです。

運転していたのは、トム佐伯さんという知人からお借りしていたムスタングのセダン。

追突した側が責任を問われることが多いですが、こちらの不注意もあります。（せっかくの楽しい旅行をこんなことで台無しにするなんてもったいない、佐伯さんには自分で弁償しよう……）そう思って事故直後、すぐに車から降りて相手の車の方へ行きました。あ、凹んでいるな、とちらりとムスタングを見ながらね……。

すぐに相手方（ご年配の方でした）にこう声をかけました。

「Are you alright？（大丈夫ですか。お怪我はありませんか）」とね。

向こうも「いやぁ、こちらが悪かった。私はこういう者で……」と申し訳なさそうに答えてきます。

「いえいえ。こちらこそ」

私は、丁寧に対応しました。

「この車は私のではないんです。トム佐伯さんという方のものなのです。こちらが彼の電話番号です」

こう言って、電話番号を先方にお渡しして頭を下げて帰りました。

翌朝、トム佐伯さんからホテルに電話がありました。事故のことは佐伯さんにはすでにお詫びしています。佐伯さんは言います。

「ところで、髙嶋くん、君はおじいさんに何と言ったの？」

「Are you alright？ と……それが何か??」

「道理で……。向こうはえらく感激していたよ。私は素晴らしい日本人に会ったってね」

事故は残念な出来事ですが、起きたことを振り返っても仕方ありません。

私はただ、その場で相手方を気遣っただけ。楽しいロス旅行を最後までいい思い出にするために自然と出た言葉でした。これも、前向きなワタシの性格ゆえ。

その後、車は無事に修理されました。
楽しい旅はそのまま続き、この事故も含めて実りある体験、いい思い出となりました。

「Are you alright?」相手を気遣う心って世界中同じですね。

みんなが自分のことを好きだと思い込む

こんなふうに本を書いていますが、僕はそもそも一般人。有名人でもなんでもないんです。敢えて言えば、親戚や家族に芸能人が何人かいる、マスコミで働く裏方人間。それがワタシ。

それなのに、街を歩けば「髙嶋さーん」なんて見知らぬ方から声をかけてもらい、写真を撮られ、自家用車にもタクシーにも「どうぞ」なんて乗らせていただき、行きつけのお店でも家族のように接してもらえて、日々新たな出会いに溢れ、テレビにまで出演してる僕。

この前なんて、上野の東京文化会館で「高嶋ちさ子&加羽沢美濃《かばさわみの》〜ゆかいな音楽会〜」が終わった後、200人ぐらいのファンの方に囲まれました。階段脇の場所で、ちょっと危険を感じるぐらいの人だかりでしたから、とっさに事務所スタッフに案内され避難!? しましたが。あの時は凄かったですねぇ。

僕には声をかけやすいのでしょう。

その日はコンサートの前にも、

「写真撮ってください」

なんて、小学生のお嬢さんとそのお母さんにお声がけいただきました。ちょうどコーヒーを飲んでいた時です。気さくに「あ、いいですよ」と答えて一緒に写真を撮りましたよ。

「お父さんの大ファンです! お元気で!」

「ありがとうございます。あなたも元気でね」

満面の笑みで歩いていかれたお嬢さんを見て、僕まで嬉しくなっちゃいましたよ。

みんなが僕に親しみを感じてくれる。面白い89のおじいちゃんだと思ってくれる。

嬉しいですねぇ。

僕ね、人に喜んでもらえる本が作りたい。この本を読まれた皆さんに幸せになってほしい。自信を持って、ありのまま生きてほしい。いくつになっても、自分を大切にしてほしい。「アイラブミー（I love me）」ですよ。それが大事。僕はありのままの自分を愛し、楽しく毎日「愛されじいさん」しています。

感謝100%。
愛されじいさんは幸せですね。

第二章

体を鍛え、身なりを整えれば、20歳は若くいられる

毎日欠かさず150gの肉食

この話が書きたかった。

ワタシの豚肉生活ね。

毎日オフィス近くの、「代官山 HyLifePork® TABLE」でランチをしています。

品種、肥料、加工などすべてにこだわりを持った輸入豚肉を頂けるレストラン。

安くて、美味しくて、居心地最高の僕のお気に入りスポット。

ここに行くのが日課。ワタシはここの豚肉150gのステーキを平日はほぼ毎日欠かすことなく頂いていて、それが私の健康の源です。老人こそ、お肉を食べ

ないと。

1回のランチでスタンプが1つ押されるカード（パスポート）があるのですが、100回行って1冊。かれこれもう12冊目（6年で）ですよ。

ワタシ、お店のスタッフさんよりここの豚肉、食べていると思います。僕の体はここの豚肉でできている。有難いですねぇ。

お店の雰囲気も良くてここでの会話がまた楽しい。

肉食のちさ子も勿論連れてきましたし、仕事仲間のほか、プライベートでも多くの方をお連れして、ここで食事をしました。

「豚、行かない？」

って、上野毛の自宅から着替えて、バスと電車を乗り継いで代官山まで行きます。オフィスに用事がなくても、この豚肉のために。豚肉がワタシを待っています。

こんなお店があることも有難いですし、一緒に行ける仲間がいることも、また大切なことです。そして89歳になってももりもり豚肉を食べられる。

あぁ、有難や。

ワタシはこの豚肉パワーで、まだまだ元気でいられそうです。


150gポークステーキ。

うまいんだな、これが。

89歳、豚肉でバテない体。
健康の秘訣は食にありです。

老人こそスーツを着てダンディーに見せる

広尾の明治屋の前に「シェ・モルチェ」というレストランがあり、昔よく通っていたのですが、そこの会長がいつも紺のダブルのスーツをカチッと着こなしていらっしゃる。それを見て当時僕は思ったんです。

年をとってもきちんとした服装だけはしよう。

身なりを整えると生活も整ってきます。生活のスタイルもしっかりしてきます。

小学生の頃から朝は母親に起こされたこともなく、いつも小鳥のさえずりとともに目覚めていました。小さなことかもしれませんが、僕5月生まれでしょ、同

級生の早生まれの人とかを見ると、赤ん坊みたいに見えてしまって（笑）。あ、僕がしっかりしなくちゃダメなんだ、と。そんな思考が今に続いている気がします。

どこかの誰かが見ているし、誰に頼られても恥ずかしくない生き方をしたい。年をとったらなおさら、清潔感溢れる、誰に見られても恥ずかしくないような身なりでいることは、社会の礼儀のような気がします。レコード会社勤務の時代からずっと、ディレクターがネクタイを外していても、僕は外しませんでした。だってその方がカッコいいもの。

そうじゃないですか？

高齢になってもいつも小ぎれいでいたい。
これは社会の礼儀。

88歳からライザップに通ってます

すでにお話ししましたが、去年の9月からライザップに通っています。

「今みたいな生活していたら歩けなくなるよ」と息子から言われたのが、きっかけ。

あ、そうか。そうだよな。

糖尿病ですから定期的に通院し、体重のコントロールは、先生のために（笑）していますが。

運動というとなかなか……。近所のジム（スパもついていていてリラックスできるところ）もいつのまにか通わなくなってしまった。

1日1万歩を目標にしていた時期もあったけど、普段の生活で1万歩って、なかなかムツカシイものですね。美味しいお店まで歩くといってもたかが知れているしね。


今のところ、杖がなくても歩けるけれど、これからどうなるかわからない。

ライザップのトレーナーには、

「足腰だけ強くしたい」と伝えてあります。

そして、こうも伝えてあります。

「俺、走るんだから」

マスターズ（全日本マスターズ陸上競技選手権）に出てやるぞ！　という目標があるんです。


ライザップ、始めてみたら、これが実に楽しい。

トレーナーの中田くんが人あたり良くてね。彼とのトークがまた楽しくて。笑顔で楽しみながら筋力トレーニングをやって、それで元気になれたら最高ですよ。

週に2回通っていますが、辛さは感じないですね。

雨の日は「億劫だな」とは思いますが、「行きたくない」とは思わないですよ。

僕、嫌なことはしないタイプ。

好きなことは続けられる。

この年になってこういう日々を過ごせるなんて、有難いなぁと思っています。

最近は「家でもできることをやろう」と思って、室内ウォーキングをやっています。

家の中を歩くだけですが……。

リビングルーム↓自分の寝室↓洗面所↓廊下、というふうに、食卓やらベッドやらの周りを歩いて家の中を1周すると、大体150歩近くになります。これを5周します。

最初は10周やっていたんですが、10周って、考えただけでやる気が失せてしまう。そこで5周に変更しました。

ハードルを下げると、「これなら」と、やれるようになりました。

こういうのって、たとえちょっとでもやることが大事でしょう。そしてそれを続けることも。

終わった後に、ライザップで教わったストレッチなどを少しやっています。せっかく通っているから、家でもできることを「ちょっと」やろう、とね。これもワタシ流。

最近、僕ね。

気づいたんですよ。

１００％じゃなくていい。50％でいい、30％だっていい。やろうとしていることが大事。１００％できないならやらなくていいと思わないことです。

０か１００かじゃないんです。

数字なんて無意味です。

自分にとっての１００％が他人から見て１００％じゃないかもしれない。そんなことにこだわらずちょっとでもいいと思うことであれば、そのやろうという気持ちを大切に、実践すべきではないかということです。

完全に完璧にやろうと思うから、最初からつまずくし、続かないんです。

ゆるーくいきましょうよ。

週2回通うライザップ。まあ、続
けることに意義があるんですよ。
ちょっとはサマになってきた!?

年もとったんだし、最初から100%を
求めない。ゆるく長く続けてこそ。

朝ごはんは未知子、夕飯は私が作ります

「男子、厨房に入らず」なんていわれますけど、男性だろうが、高齢だろうが、いくつになってもどんどんやるべきだと思いますよ、料理は。

指先だけでなく、頭も使います。

冷蔵庫を覗《のぞ》いてね、ありモノで何か美味しいものを作るのが得意ですよ。たとえばチャーハンとか。ありあわせの素材で美味しく、「美しく」作るのがワタシ流。

料理も美的に作らないとダメなんです。お皿に並べた時にキレイでないと。

味も見た目も美味しそうに仕上げないとね。

得意料理は、いっぱいあります。

今でこそ我が家はＩＨキッチンですが、ガスコンロの時代は、耐熱容器で鶏釜飯を作るのが得意でした。家内が元気な時から、おもてなし料理のご飯ものは私が担当。鶏釜飯を作りました。油揚げを薄く切って鶏肉と一緒に入れるだけ。味付けはヒガシマルの薄口しょうゆ。ガスで一度炊き上がったらお酒をわぁーっと入れてね、その後もう一度火を入れるんです。バリバリッて焦げた音がしたタイミングで火を消します。

美味しいですよぅ。

家内の友達でね、お金持ちのお方がいらっしゃいますが、そんな方でも最後まで残ったお焦げをこそげて食べていましたよ、ハハハハ。

今作るのは、手間のかからないお料理。

たとえば、ブリ大根のブリの代わりに鶏肉を使って、こんにゃくと厚揚げと煮ます。大根はぶ厚い輪切りです。ちさ子は「そんなに大きいと煮えづらいんじゃないか」と言うけど、大丈夫。ちゃんと味はしみ込んでるし、形もキレイで見た目がグッドです。

カレーも旨いですよ。オニオンスープも得意です。みじん切りにした玉ねぎを飴色になるまで丁寧に炒めて、トロッと仕上げる。それに鶏がらスープの素などで味付けをして。ジャガイモも茹でてマッシュドポテトにする。そのオニオンスープとマッシュドポテトをもとにしたカレーはドロッとして旨みも凝縮されていてとっても美味しいです。それに牛肉と、形ある野菜（人参とかジャガイモ）を入れたら味も見た目も完璧です。

我が家は、朝食を未知子が、夕食を基本僕が作る、というルールです。

日中にヘルパーさんが来た日は、ヘルパーさんが未知子と一緒に夕食を作り置きしてくれています。

朝食は、卵料理かソーセージ、それにサラダを添えるのが定番。レンジでチン、のゆで卵を作る機械を使っているので、仕上がりはトロッとしていてまあまあ。オムレツも上手です。オムレツは、家内が上手でした。今でもオムレツを食べると思い出しますよ、家内の味。

家内が生きていたら、一緒に採算度外視で美味しいものを沢山作って、「僕のレストラン」みたいにして、彼女に出して、食べさせたかった。

「今日は俺の作るものを、どうぞ」ってね。

亡くなる前の数年は私がよく食事を作り、向き合って沢山の話をしました。

あの時間はギフトだったなぁ。

本当にいろんなことを話して、家内と向き合えて貴重な時間を過ごせたと思います。

でももっと話したかったし、食べられなくなっていく彼女を見るのも辛かった。元気なうちから手料理を沢山食べてもらいたかったな。

家内を見送り、我が家に未知子と二人になって、料理をしながらふと思い出すことは、

「あなた、今晩食べないいんだったら、言ってちょうだい」

そう家内から言われていたのに、会社から電話ひとつできなかったこと。

当時は特にそうでしたが、仕事をしている時はもう仕事モードで、家のことなんて頭になくて、彼女の一言なんて忘れてしまっている。本当に申し訳なかったと思います。

どんなに彼女は辛かったろう。用意したのに食べてくれないってそんな悲しいことはないですよ。

しかも連絡なし、ですからね。

料理をすると、わかることがいっぱいあります。

男子厨房に入らず、なんて今は昔。
高齢男性だって料理しましょう！

僕は食いしん坊だから、料理するのも好きなのかなあ。「こうしたら、もっと美味しくなるか」と考えながら、作るのが楽しい。

糖尿病ですが、何か？

糖尿病は万病のもと。長いこと数値のコントロールに頑張っています。

薬は10年以上飲んでいます。とりあえず甘いものや炭水化物を控えていますが、無理しない、がワタシ流。

でも主治医がとてもいい先生で、先生のために頑張っちゃおう！ なんて思いが強いので数値は良いんです。先生に喜んでもらいたいですからね。

いつも「誰かの笑顔のために」という思考でいると、生き方も前向きになれる

でも、健康で元気な姿を見せることで、家族も安心できるし、穏やかな気持ちでいられます。こんなふうに自分の健康維持にも繋がるものですから。

勿論、長男やちさ子、未知子のためにもワタシは元気でいないといけないし、彼らの笑顔が見たいというのもあります。

一病息災です。

糖尿病があることで、人より健康管理ができていると思いますよ。

糖尿病が発覚したのはたまたまで、胆のうの手術時の血液検査でした。

胆のう手術でこんなことがありました。

手術前日に、ナースの方が病室にいらした時、自分からこう言いました。

「あなたは、手術を前にして、僕のフォローのつもりで来てくださったのかもしれませんが、その必要はありません。私は担当医に全幅の信頼を置いています。

もしそれで僕が死んだらそれは僕の運命です。何の問題もありません」とね。

向こうは「安心しました」って返してきましたよ。

その時、私の病室にCDが置かれていたのを見て「音楽お好きですか」と。

(来た来た来た、来ましたね〜〜!)

そういう一言が来たら、語りますよ、ワタシ。

「あなたビートルズ知ってる?」

(待ってました)ですよ。

そうしたらですね。

翌朝9時に手術室に運ばれた時、ビートルズの曲がかかっていたんですよ!

(おぬし、やるな)と。

最初に背中に、大きな麻酔の痛さから逃れるための小さな麻酔を打たれるんですが、いよいよかな、という時に流れていた曲、いや、これはちょっとまずいんじゃないかな、と思ったんです。
曲は「ハロー・グッドバイ」。おあとがよろしいようで。

80歳過ぎれば、どこかにガタはくるもの。うまく付き合いますか。

胆のうの手術をした時。
働きすぎでしたね。

自動車免許を返納したのは、5万円儲かる計算だったから

84歳の誕生日に、運転免許証の自主返納をしました。

その後、急激に老人の自動車事故が増えました。

早くに手放して良かったと思います。

老人の立場から言わせてもらうと、老人が普通に運転する分にはたいてい問題はないと思う。だけど明らかに若い頃と違って反射神経が鈍くなっている。

だから突然の「何か」に対応できない。何かあると老人はパニックになっちゃう。

ブレーキとアクセルを踏み間違えちゃうんです。

煽《あお》り運転も怖いですよね。当事者の声を聞くと本当に怖い。

今、私はバスを多く利用しますが、バスは憩《いこ》いのひとときですよ。座席が高くて、景色を見下ろせる。こんなふうに運転をやめて日常はバス利用。

遠くに行きたい時は、アッシーくんに。


自主返納で、節約にもなりました。

まず駐車場代が月2万円。それにガソリン代やら税金やらがかかる。

これからは歩こう！　と思い、車で通っていたジムも解約しました（入会金は100万円ぐらいかかったけど）。月3万円の会費も意外と高かった。全然行っていなかったからもったいなかった。

こんなふうに自主返納によって、無駄な!?　少なくとも5万円が浮きました。

やめて良かったですねぇ、自動車運転。

その分タクシーも使うようになりましたが、それでも月に5万円も乗りません
から結局、プラスですよ。
なんだか儲かったような!?　感覚です。ワタシ。

高齢者運転、
やめると見える意外な特典。

普通に歩けるけど、杖をつきます

65歳を過ぎると、歩行の補助として杖を給付する行政もあるようですね。

僕は玉川髙島屋のシニア用品売り場で、要介護でも要支援でもないうちから、自分の好みの杖を選んで、買いました。今から4年前のこと。85歳の時です。

介護保険の給付も受けず、自腹です。

洒落たのがいいですからね。

手離れを防ぐための輪（ゴム）も付けていません。付けている人沢山いますけ

ど、それっていかにも老人っぽい。私は老人だけど、老人臭さは出したくない。

だって私は日本一元気な笑う老人ですから。

見た目、大事です。杖ひとつとっても気を遣いますよ。


少し前、ビートルズ絡みの仕事で高松に行った時のこと。

搭乗前にエアラインのグランドスタッフが近づいてきて、私のところで屈んでこんなふうに丁重に聞いてきました。

「何か、お手伝いいたしましょうか」

年齢的なことや杖を持っているから優先搭乗に、と案内しようとしてくださったようです。

にしても、ワタシ、杖を持っていますが、普通に歩けます。

「全然、大丈夫」

普通に歩けるどころか、走れます。

体を前に倒すと足が自然と出ます。
歩くより走る方が、意外とスムースだったりします。

歩行杖、なくても歩けるけど、
あった方がいい。

徹子さんに会うから、補聴器新調しました

「徹子の部屋」に出るのが夢だったんです。念願叶って、その日がやってきました。本当は一人で出たかったけど、ちさ子と一緒。途中でサバンナの高橋くんがやってきて、ちさ子を連れて行ってくれて、しばし、徹子さんとの2ショットトーク。兄（忠夫）のデビュー当時の思い出とか、話は盛り上がりました。とても楽しくて、あっという間の60分でした。

実はワタシ、その日のために、補聴器を買っていました。話を聞き逃してはマ

ズいですからね。

それにしても徹子さん、凄い。

同年代なのに、90という年齢を感じさせないパワー、オーラがあります。圧倒されました。

いつもは暴走する私ですが、徹子さんを前にちょっと緊張してしまいました。調子が狂うというかなんというか。

徹子の部屋ならぬ、「徹子の壁」でした。

「90歳になった時も是非お呼びいただきたい」

そう徹子さんにアピールしました。

ちさ子は呆れていましたが、またひとつ夢を持ち続けていきたいんです。

その時はきっとワタシ、暴走しますよー。

補聴器を新調すると、
世の中の声、よく聞こえるかな？

第三章

みっちゃんとの生活

長女・未知子が教えてくれたこと

長女、未知子。

私たち夫婦の最初の子どもがダウン症の未知子でした。

染色体の異常による疾患ですが、60年以上も前の当時はダウン症（正式にはダウン症候群）に関する情報もそう多くありませんでした。

生後2か月健診だったでしょうか。何の前触れもなく、その日はやってきました。

一人で赤ちゃんの未知子を連れて健診に行った妻は、いきなり医師からこう言われました。

「20歳まで生きられないでしょう」

妻はショックのあまりその場で倒れてしまいました。

先生、なぜ僕に最初に言わなかったのか。

その時の妻の思いを想像するだけで、今でも私は胸が痛みます。


その後私もすぐに病院に行き、改めて二人で医師から話を聞きましたが、精神*薄弱者の一種という扱いのようでした。


そんな未知子が今や61歳です。

奇跡だと思っています。

この60年の間に、世間の人々のダウン症への認知も理解も深まったと思います。

＊当時の呼称。差別的表現であるため現在は使用しない

強かった偏見も減り、社会で活躍する方の話も耳にするようになりました。ダウン症だから何ができる、できない、というのはないと思います。支援が必要なところはあるかもしれないけれど、誰かのサポートがあれば、ダウン症だって自立生活を送れるでしょうし、夢も叶えられると思います。大学院（英文科）を卒業されたダウン症の娘さんもいらっしゃると聞きました。

未知子は毎日、私の朝食を作ってくれます。料理も洗濯も掃除だってできます。比較的軽めのダウン症だと思います。

一緒に暮らしていて、家の中の生活においては困っていることはありません。手料理を、マンションの住人に「どうぞ」と持っていくこともあります。美味しくできた時は、私も安心しますが、ちょっと味がイマイチな時は、うーん。微妙な気持ち。

未知子の善意を邪険にできないから「持っていくな」とは言いませんけど……。

一緒にテレビも観ます。

未知子は「ちびまる子ちゃん」と「サザエさん」が好きです。

天気予報が外れると、画面に向かって怒ることもあります(笑)。

未知子の性格は「ちょい悪」。ちょっと口が悪いところもありますが、人懐っこくて寂しがり屋。おしゃべり好きで、よく友人と電話もしています。

障害者施設で暮らしていたこともあります。

学校法人愛泉会の「芸術工芸高等専修学校」というところです。

芸術教育を通して想像力や探求心、社会性を育む寄宿制の学校。日本の伝統工芸を修得できる学校。素晴らしいところでした。

家内と色々探して、ここにたどり着きました。2週間に1度、土日だけ家に戻るという生活を中学2年から10年間続けました。

入学した当初は、環境に慣れるためか学校側から「(ご家族の方は) 2か月ぐらい来ないように」と言われました。

約束通り、その期間は、心配ではありましたが会いに行きませんでした。ようやく2か月が経って、未知子に会いに行きました。入学日以来です。私と家内は、おそらく未知子が泣いて抱きついてくる、って思っていました。しかし未知子は、佐賀錦を織りながら、「あ、来たのね」とこちらを一瞥《いちべつ》しただけでした。そしてその作業を続けたのです。あの時は本当に驚き、感心しました。

よく頑張っているな、未知子!　ってね。

でも年を重ねるにつれ「いつまでも別々に暮らすのは良くないんじゃないか、家族の一員として一緒に過ごす方が良いのではないか」と考えるようになりました。

家内とじっくり話し、結果、家に帰す決断をしました。以来ずっと未知子は、実家で暮らしています。

今の未知子のよりどころは、教会への日曜礼拝です。たまたま家内と歩いている時に、「教会に行きたい」と言いだしたそうです。教会で毎週会う友人との交流を楽しみにしています。

洗礼も瀬田の教会で受けました。一昔前は多摩川で洗礼の儀式をしていたそうですが、今は教会で、皆が見ている前で風呂桶みたいな!? ところに顔をうずめてやるんですよ。

初めて見た時はびっくりしました。

ウゥゥゥと、顔を浮かせようとする未知子の頭を、(まだまだ、というようにに) 牧師さんが押します。まさに「洗礼」です。

ただ、未知子……。
イエス・キリストの復活の話を聞いた時、
「もう冗談ばっかり！」
と一言。その場にいたみんながひっくり返った。というエピソードがあります
……。
ほんと、みっちゃんは面白い。
こっちが言いたいですよ。冗談ばっかり！　ってね。

平日は、作業所にも行っています。
ヘルパーさんと、買い物に行くこともあります。お世話になった友人にプレゼントを買いたいから、と先日は東京駅のディズニーのショップまでヘルパーさんに連れて行ってもらったそうです。凄く嬉しかったみたいで、「感謝、感謝。ヘルパーさんにほんとに感謝」と言っていました。

自分の思いや希望、感情を素直に表現して、笑顔で生きる未知子を見て、未知子は未知子らしい人生を歩んでいると、誇らしく、頼もしくも感じている日々です。

未知子と3人で。
私も家内も若いな（笑）

健気に、正直に生きる未知子から
生きていく強さを
日々もらっているワタシ。

ダウン症を隠す時代だったけれど

未知子という存在があったから人に優しくなった、と自分では思います。

街を歩き、ダウン症らしき人を見るとご迷惑かもしれないと思いつつ、

「うちの娘もダウン症なんです」

と、声をかけるようになりました。

それが本当に良いかどうかはわからない。でも声をかけずにはいられない。

この前も、自宅最寄り駅で、ホームに寝そべって泣いているお子さんがいて、

ワタシ、
ダウン症児のご家族に
自然と一声かけます

思わず、近くまで行って声をかけちゃいましたよ。

「どうしちゃったの？」

って。ご両親はだいぶ離れたところにいらっしゃったようです。たぶんあまりにダダをこねるから「勝手にしなさい」ってちょっと離れたところだったんでしょうね。

少し話をしていたら、泣き止みました。

「お父さん、お母さんのところに行こうよね」

「うん」って笑顔を見せて、パッと和やかになりましたよ。

手を引いて、ご両親のところにお連れしました。

ご両親から凄く感謝されました。

街を歩いていてこんなふうに目が行き、気を配れるようになったのも、我が家に未知子がいるから。未知子がいなかったらたぶん視界に入っても、何もせずにいたと思います。そこまで心が寄り添えなかったと思うから。

社会の中でちょっと生きづらさを抱える人の視点に立って、ほんの小さな優しさを与え合うことの素晴らしさを、未知子が教えてくれたように思います。

当事者であるからこそわかることではありますが、ダウン症児の家族にとっては厳しいことも沢山あります。だからこそ同じ立場の人と繋がれると、緊張の糸がほぐれ、たったその瞬間でも誰かと思いを共有できることが救いになり、見えてくることや、感じられることが沢山あります。そしてそれが光になると私は信じています。

だからダウン症の方と出会うと、励ましたい。安心してもらいたい。理解者がいるということを思っていてほしいです。


僕がテレビに出るようになって、声をかけると、向こうが知ってくれていることも多々あって、意外にもそれが助かっています。

僕と未知子は、イコール。未知子のことも、わかってくれています。

未知子は一人でいる時も、街で声をかけられるようになりました。

未知子ファンも多いと聞きます。人から声をかけられることにまだ慣れていない未知子は、いきなり有名になった⁉　ことに戸惑い、「嫌だ嫌だ」と、露骨に不快感を見せることもありますよ。

その都度、「ちーちゃんのファンの方々なんだから。ちーちゃんの人気なんだから」ってなだめています。

「声かけていただいたら、ありがとうございますって言わなくちゃ」

「私は絶対そんなこと、言いたくない」

って。こういうところ、あるんですよ。

そうは言うものの、未知子は、ちさ子のおかげで、大好きな、女優・山村紅葉さんや近藤真彦さんに会うこともできました。ある番組の中でのサプライズでした。ちさ子は本当にこちらが感心するぐらい、いつも姉を気遣い、姉思いですし、未知子もちさ子を信頼し、感謝をしていると思います。

未知子は、自分の与《あずか》り知らないところで物事が進んだり、理解できないところがあったりすると、気分を害すのか、いきなり怒りだします。

そういう時は、正直どう対応していいか、わからない。困ってしまいますねぇ。

ちさ子が外で、「姉はダウン症」と発言していることが気に入らない様子で、

「だって私。治ったもん」と言います。

「わかった、じゃ、今度（ちーちゃんに）言っておくね」

そう言ってとりあえず落ちつかせます。

ちさ子が青山学院に進学した時も、

「どうして私は青学じゃないの」

こう聞いてきました。

「だって、みっちゃん。足し算はできるけど、割り算はできないよね」

うまいこと言ったな、僕。

未知子、「そうかー」って納得していましたよ。


やはりまだまだ不安です。

でも私もちさ子も、未知子がいてくれたおかげで、見えた景色や出会えた人が沢山います。未知子という存在のおかげで我が家は明るく楽しく、輝いていると思います。

これだけは間違いない。

家内が亡くなった後、もし僕一人だったら、たぶん生きていられなかったと思う。未知子がいてくれたおかげで乗り越えられた。

一昔前には、ダウン症の家族がいると家の中に閉じ込め（引きこもり状態）、存在そのものを否定するかのように隠していた時代がありました。

それが今や、芸能人ですら、子どもがダウン症であることを公表しています。
ダウン症は個性の一種です。
できることもいっぱいあるし、豊かな感情を大切にしてほしいと思います。

ちさ子がノーフォーク音楽祭に
参加する前。N.Y.。未知子と3人で。

未知子には未知子にしか
できないことがいっぱいある。
僕がいなくなった世界でも、
それを見せていってほしい。

還暦の未知子とのコレカラ
～これからの3年計画

未知子のコレカラのことを福祉関係者さんに相談しています。

ひとつの案が、我が家から比較的近いところに、3年後ぐらいに完成するという障害者施設に入居するプラン。その話を未知子に初めて伝えた時は、

「わかった。私は別に寂しくないよ」

という反応でした。

そこだけにこだわらず、他にも探してはいますが、まず大事なのは入る時期。僕が生きている間に入居したら、未知子が帰りたい時には自宅に帰れます。い

つでも帰れる家を残しておきたい。そんなふうに、未知子一人の生活のスタートを切って、支えていきたい。それができたら僕は万々歳。僕の家庭人としての仕事はひとまず終了かな。

そして、僕が一人暮らしになったら、旅行をいっぱいしたい。まだまだ元気ですから。海外旅行は基本歩けないと厳しいので、そのためにもこれからも足を鍛え続けないとね。

僕がいなくなった後のこともちゃんと未知子のために考えておかなければならない。

行政絡みの手続きは、しっかり者の長男がやってくれるでしょう。

未知子の金銭感覚はあぶなっかしいので、買い物のサポートも必須です。

勿論次女ちさ子にもこれまで通りのサポートをお願いして、二人で助け合って未知子を支えてほしい。もうこれだけです。

それぞれ家庭があるのに、ダウン症の姉を迎え入れるという態勢を作ってくれている。しかもその協力態勢は、家族総出。本当に有難いなと思います。二人とも人生のいい伴侶を得て、良い家庭だからこそできることですよね。

私がいなくなった後は、きょうだいの家族が、未知子の家族。今は一人っ子が多い時代ですが、きょうだい3人で60を過ぎても、70を過ぎても、助け合って生きていくって、本当に素晴らしいなと思います。家内のおかげで本当に立派な人間に育ちました。

家族として、出会えた4人に改めてありがとう、と言いたい。家内にはあちらの世界で再会できた時にたっぷりと御礼と、その後のボクの奮闘物語を伝えるつもりですが。

まだまだ、続きそうですね。

たしか、兄貴がテレビ番組でもらった
チケットで、ペナン島に行った時。

生まれたばかりの赤ちゃ
んの未知子と家内。

家内と子どもたちに
出会えたことにありがとう。

郵便はがき

お手数ですが、
切手を
おはりください。

1510051

東京都渋谷区千駄ヶ谷4-9-7

(株) 幻冬舎

書籍編集部宛

ご住所 〒 都・道 府・県	
	フリガナ お名前
メール	

インターネットでも回答を受け付けております
https://www.gentosha.co.jp/e/

裏面のご感想を広告等、書籍の PR に使わせていただく場合がございます。

幻冬舎より、著者に関する新しいお知らせ・小社および関連会社、広告主からのご案内を送付することがあります。不要の場合は右の欄にレ印をご記入ください。

不要 □

本書をお買い上げいただき、誠にありがとうございました。
質問にお答えいただけたら幸いです。

◎ご購入いただいた本のタイトルをご記入ください。

『　　　　　　　　　　　　　　　　　　　　　　　　　　　　　　』

★著者へのメッセージ、または本書のご感想をお書きください。

●本書をお求めになった動機は？

①著者が好きだから　②タイトルにひかれて　③テーマにひかれて
④カバーにひかれて　⑤帯のコピーにひかれて　⑥新聞で見て
⑦インターネットで知って　⑧売れてるから／話題だから
⑨役に立ちそうだから

生年月日	西暦　　　年　　月　　日（　　歳）男・女		
ご職業	①学生	②教員・研究職	③公務員	④農林漁業
	⑤専門・技術職	⑥自由業	⑦自営業	⑧会社役員
	⑨会社員	⑩専業主夫・主婦	⑪パート・アルバイト	
	⑫無職	⑬その他（　　　　　　　　）		

ご記入いただきました個人情報については、許可なく他の目的で使用することはありません。ご協力ありがとうございました。

未知子と弘之の おまけのトークタイム

……将来のことを、少し二人で話してみました。まあ、とりとめのない話です。あしからず。

弘之「みっちゃんのコレカラだけど……施設の見学に明後日また行くつもり。僕が日中いない時に寂しいって言うから、早く施設に慣れた方がいいと思っているよ」

未知子「うん。お父さんがいない時、家で寂しいというか、話をする相手がいなくて、どうしようって……」
弘之「おいおい。みっちゃん、それで人に電話しまくってるの。それダメだよ（笑）」
未知子「ライン（通話）でね。『お話無理だよね？』って聞くと、『いいわよ』って。『あら嬉しい！』ってそういうふうに。だけどちょっと待っててねで、切れたりするの！」
弘之「あ、あんまり迷惑かけちゃダメだよ、みっちゃん」
未知子「ちょっと寂しくて」
弘之「早く施設に慣れて、帰りたい時に我が家とか、ちさ子の家に帰れたらいいなぁと思ってるんだよ、お父さんは」
未知子「妹や弟のところ、自由に使っていいってそんなふうに言われてもできな

いよ」

弘之「自由に使っていいんだよ、みっちゃん」

未知子「妹の家とか、気遣うのよ。黒いワンちゃん（注：ちさ子さん宅の愛犬、ネロ）いるしね」

弘之「我が家もワンちゃん飼っていたね。豆柴のサクラ、覚えてる？」

未知子「うんうん、覚えてる。結局、面倒見たのって、お父さんと私よね」

弘之「そうそう。面倒見てた、見てた。その前は柴犬のペロ。ちさ子が青学に入った頃のクリスマスプレゼントにペットショップで買ってきた。実際はほとんど僕が世話しているのに、ちさ子になつく。これ、どういうことやら」

未知子「うんうん。面倒見てないのに」

弘之「……見ていない、ちさ子になつく」

未知子「……ね」

弘之「ペロは倒れてから1週間、ちさ子が帰ってくるまで頑張って生きた。かわいそうだったけど。それにしても、なんであいつなんだって（笑）。何にもしないのに」

未知子「うん、うん」

弘之「サクラも、最後はちさ子が駆けつけるまで生きていた」

未知子「うん、うん」

弘之「ちさ子の家でゴールデンレトリバー（エルモ）を飼ってた時も、うちで面倒を見ていた。赤ちゃんの時からずっと。僕が散歩に連れて行き、家内が全部世話して。さんざん面倒を見たのに、それでもエルモがなつくのはちさ子。あいつ、いいとこ全部持ってく」

未知子「今は我が家には犬はいないね。飼えたらとは思うけど、ぬいぐるみで我慢。ぬいぐるみだったら投げられるし（笑）、ごはんの心配要らないし（笑）」

弘之「未知子のこれからだけどね。これまで色々考えたけど、完璧にやらなくてもいいと考えられるようになったら凄く気が楽になったよ、みっちゃん。100％完璧にしなくちゃと考えるのは辛いからね。人生、自分の思い通りになんて、いかない」

未知子「そう、そうだよ、お父さん」

弘之「だったら、100％でなくてもね」

未知子「うん。人生は色々なんだよ。人生は水戸黄門」

弘之「水戸黄門？」

未知子「人生楽ありゃ、苦もあるでしょ」

弘之「できることからやればいいの。

みっちゃんがいいと思うことを少しでもできたらいいな、って思ってる」

未知子「人生にはね。いろんな色があるの。色鉛筆みたいにね」

未知子「塩見さんは面白い人だったね」

弘之「あ、いきなり？　塩見の話？」

未知子「うん」

弘之「僕に輪をかけて面白い人だった。本当に寂しい。そんな彼に『今日だけは生きとけ』って言ったちさ子も面白いよね。その時、彼と電話でどんな会話したんだろう」（詳細は125ページを参照）

未知子「面白い。塩見さんもちーちゃんも」

弘之「その日（サプライズパーティの日）、『軽部さんの催しもの』って聞かされて」

未知子「私と弟は知ってた。私ずっと黙ってたの」

弘之「（会場に）入って驚いた。見た瞬間アレッて思って。頭が真っ白になったね」

未知子「ふふふ」

弘之「実はその前、有名な制作会社の担当者が、『今度またバラエティをやるから、そのための話を聞きたい』と言ってきた。ところがそれはサプライズパーティで流すちょっとした僕の映像を撮るためだった。そんなの知らない僕、6時間しゃべった（笑）」

未知子「ははは。椅子が沢山並んでいたから私の方が頭真っ白になっちゃって」

弘之「あ、それNHKホールでの話でしょ。あれは凄かった。『1周回って知らない話』の番組に絡めたちさ子のコンサート。僕、1部だけはいたけど、2部は立ち会えずすぐに新宿文化センターに移動。ギリギリ到着。僕がプロデュースしたビートルズのコンサートがあったから。そこで冒頭だけ挨拶してすぐにまたNHKホールに車で駆けつけた。大変だったね。ははは」

未知子「あれは緊張した。ちーちゃんは、トークなれてるけど、私は全然できなくて。ピアノの発表会もお腹が痛くなるぐらい」

弘之「ちさ子もワタシも似ているな、と思って。やればいいと思うところね。NHKホールで演奏？　普通考えられませんよ」

未知子「できないもん、私」

弘之「それをやらせるんだから。ちょっとでもやれたらいいっていう感じ」

未知子「ちーちゃんとお父さん、やることそっくりだよー」

弘之「ちさ子はね、動いていないとダメ。回遊魚と一緒」

未知子「じっとしているのが嫌いなだけ」
弘之「空いてる時間ができると、すぐ飛んでくる」
未知子「昨日ちーちゃんと逗子に行って、これ食べた（弘之さんにスマホに撮ったケーキの写真を見せる）」
弘之「ちさ子はほんと、忙しいのに」
未知子「私もじっとしているのが嫌い。同じ性格」
弘之「そんなことしなくていい、って言ってるのに、みっちゃん、（同じマンションに暮らすご家族）3人分のごはんを作って届けてるじゃない？」
未知子「働いていらっしゃるから、家に帰ってごはん作るの大変だろうなって思ってる」
弘之「だけれどもねぇ。美味しければいいけどね、まずいものをもらったらね（笑）」
未知子「まずいとかじゃなくて（怒）」

弘之「まぁ……最近美味しくなってきたよね」

未知子「働いて帰ってきて、家に帰ると『疲れた、作るのやーめた』ってなる。自分も働いていたから、そういう気持ちになるのわかる」

弘之「未知子も働いていたよね」

未知子「洗礼を受けてからお仕事大当たりで。いろんな仕事ができた」

弘之「有楽町でも働いていたね、当時東芝ビルの上にお店があって。会議なんかをした有楽町のあのビル。その同じビルでみっちゃんが働くということになったと知った時はね、感慨深いものがあったよ」

未知子「お父さんとお母さん、（そのビルの）同じ会社で働いていて、面白い夫婦だった」

弘之「みっちゃん、そこまで言わなくても（笑）」

未知子「ほんとのことだもん。（二人同じ東芝レコードで働いていて）その子どもがワタシ」

弘之「はっはっは。ほんとみっちゃんはいつ何を言い出すかわからない。面白いよ」

未知子「お父さんもね」

第四章

会いたくても、会えない人

妻との別れ

家内は１６０㎝ぐらいで、痩せている方でもなかったのですが、最期はもう痩せちゃって、見る影もなかった。

30キロを切っていたかなぁ。

僕はできる限りそばにいて、食事を作ったり、話をしたり、別れまでの時間は、少しでも多く二人の時間を作るよう、努めました。

でも弱っていく家内を見るのは、辛かった。本当に。

それでも、今思えば、もうちょっと、会社を休むなりしてもっともっとそばに

いてやればよかったかな、と。当時はそれでも毎日会社には出ていました。なるべく早く帰るようにはしていましたが、会社を長期間休むとか、そういう選択肢はなかったですね。

たぶんそれをしていたら家内も心苦しくなったと思うんです。僕は仕事人間でしたし、それをずっと支えていたのが、彼女の人生でしたから。

でも、あの強気な家内が、

「早く帰ってきて」

なんて言う。最期の方のこと。こんな言葉を聞くのは初めてでした。

相当辛かったんだと思います。

逝く前には、私にしっかりとした口調で、

「私はいい人と結婚できた」

そう言ってくれました。

サラリーマン時代は夜中まで仕事をして、家を留守にすることも多くて本当に迷惑をかけたと思います。それなのに。

その言葉で、心がすっと楽になったというか、救われたというか、温かい気持ちになれたというか。

ちさ子からは「無理やり言わせたんでしょ」なんて言われましたけど（笑）。

55年間人生を共にしました。良き妻、良き母でした。最後まで立派でした。

命日は8月29日。焼肉の日です。


家内はユーモアがありました。

「金持ちの親戚」とかけて「春の夕暮れ」と解く。その心は「暮（呉）れそうで暮（呉）れない」なんて言っていました（笑）。


いつも鋭くて、面白い女性でした。

「会社ごっこ」と言われたこともあります。

自宅に来客があった時のことです。

僕が「すみません。一応会社勤めなんですが今日はこんな格好で」って詫びたら、キッチンでお茶の用意をしていた家内が、

「いや、会社って言ったって会社ごっこですから」

なんて言うんです。


生前、家内はこう言っていました。

「後期発見早期御他界」

ピンピンコロリを目指していました。

でも、病気が発覚（余命宣告）してから2年半も生きてくれたことは、私たちにとっては、別れに向かう準備の時間が持てて、それが救いとなりました。

「死ぬ死ぬ詐欺だ」なんてちさ子は言っていましたが、

ちさ子は「母がいなければ生きていけない」ぐらいの母親っ子。
母の言われるままに生きてきた。ああ見えてちさ子は繊細だし、弱いところもある。
突然（ピンピン）コロリと逝かれたら、ちさ子、立ち直れなかったと思います。
ちさ子にとっても、母と過ごせた最後の2年半は、貴重だったと思います。

それでもね、やはり悲しい。
時々、会いたくなりますよ。
家に帰っても、僕の話を笑って聞いてくれる家内がいない。
凄く寂しくて、今も会いたい。
夫婦の別れは、辛い。老人になってからの別れは特に。

結婚前、僕の家に来た
時に撮った家内。

早稲田の大隈会館で
式を挙げました。

留学中のちさ子に会いに
行った時、N.Y.で。

救いになった
別れまでの準備期間。

母の最期

私の実母の話もします。

母は、関西に暮らしていましたが、晩年はうつ病を患いました。

有馬の温泉病院に入れようかという案も出ていたのですが、家内を連れて母に会いに行った時のこと。

弱った母を見て、

「お母さまを東京にお連れしましょう！」

家内がきっぱり言ったんです。びっくりしましたねぇ。

そこで、すぐに母を車で東京に連れ帰ることにしました。

正直、僕はその移動中に母は逝ってしまうのではないだろうか、と不安でした。

それぐらい状態が良くなかった。

万が一のための救急搬送の手段なども決めて、妹や妻らとともに移動です。

無事に母は東京に到着。

ほどなくして世田谷区内にある療養型病院に入院することができました。有難かったですね。

入院してからうつ病も治りました。

母は92歳まで生きました。

病院には未知子がよくお見舞いに行ってくれました。

本当に嬉しかったですね。

母にとっても初孫の未知子が来てくれて嬉しかったと思います。

これも、妻の「東京にお連れしましょう！」という咄嗟の決断のおかげ。

そんな妻も母も今は空の上です。

今、二人はあちらで何を話しているのでしょうかね。ワタシの悪口でも言って女子トークに花が咲いているのでしょうか。


父は78歳で亡くなりました。

兄貴（高島忠夫）が芸能人だったということもあり、訃報はなるべく周囲には隠し葬式もできるだけ身内でコンパクトに済まそうと。これも僕が仕切りました。

でもね、兄貴が泣くんですよ。えらく泣いてねぇ。

兄貴、泣きすぎて挨拶もできないんですよ。

挨拶は喪主である母がしましたが、僕はあの時、兄貴がした方がいいと思っていたんです。


兄貴はとても気が弱い。まさか芸能界に入るとは思わなかった。僕は4つ下ですが、小学生の時も兄貴の喧嘩に僕が行っていましたからね。あぁ、それにしても強気だったねぇ、ワタシ。

兄貴は勉強できたけど副級長。僕はできないけど級長だった。

そういう人気があったみたいね、ワタシ。

妻も娘も妹も総出で支えた実母の晩年。

兄貴の話

ついでにと言ってはなんですが、ここで兄貴の話も。

母同様、兄も晩年にうつ病になりました。

さかのぼれば、僕はずいぶん兄のサポートをしていたと思いますよ。

僕が学生の頃、すでに俳優デビューをしていた兄貴と下北沢に下宿しました。そこは2食付きで確か家賃は8千円。大学の学費が年2万円でしたから、そこそこ良いところだったと思います。兄貴の部屋にはガスコンロもついていたの

で、当時から料理好きだった兄貴は、自分で肉を焼くなど、料理をしたりしていました。ただ、下宿先には兄貴のファンの女学生がいつもやってくる。このままでは他の下宿生にも迷惑をかけるし、俳優というのはイメージ商売。夢を与える職業人がこういう下宿をしているというのもまずかろう。で、僕、調べたんです。東京でイメージの良いところはないかな、と。出てきたのは「成城」と「田園調布」。

フムフム。響きがいい「でんえんちょうふ」を選びました。

決めたのは、兄貴と僕それぞれの寝室とリビングルームの2LDKで1万5千円のところ。

下宿のように食事が付いているわけでもない。凄く悩みましたが、「兄貴は稼ぐだろう」とその時からわかっていましたから。そこに決めました。

当時から、僕、マネージメントの才能があったのかな〜。

売れていく兄貴の姿がありありとイメージできていました。

兄貴は88歳で老衰で亡くなりました。

母の死から19年経った2019年でした。最後はパーキンソン病も発症し、心臓も悪くするなど、厳しかったと思います。

この5月に僕は89歳になり、兄貴の年を超しました。


僕の本の出版記念会で。兄貴と。

父が逝き、母が逝き、兄が逝き。
そして私が最後に残された。

叶わなかった、親友との卒寿の会

一人、また一人と大切な人が旅立っていく。

ひときわそれがこたえたのは、塩見健三の死でした。

同い年で誕生日は3日違い。

長い付き合いの友でした。

彼は優秀なビジネスマンでした。川崎重工業の常務取締役で、ニューヨーク社長。

飾らない人柄が魅力で、その人脈も凄かった。

幼稚園からの親友。家族ぐるみの付き合いでした。

来年には、90歳の誕生日「卒寿の会」を一緒に祝おうと約束をしていました。

2024年の5月19日に、彼の会社関係のサロンに予約を入れていました。

僕の誕生日は5月18日。彼の誕生日は5月15日です。

「間をとって、5月17日にしようか」

塩見はそう言ってきましたが、僕はこう答えた。

「数字上は間をとってもいいと思うけど、その会の時に『実は僕は明日が誕生日です』なんて言ったら、おかしくないか（みんなに悪くないか）？ 19日でいいだろ」

そうしたら塩見、えらく怒りましてね。

「お前せっかく17日言うとるんや〜」

しばらくして、塩見から連絡がありました。

「髙嶋、19日で予約入れといたわ」ってね（笑）。

叶わなかった彼との約束。卒寿の会。


塩見が今も生きていたらどんなに楽しかったことか。

家内が逝ったのと同じぐらい辛かった。

彼が危ない、との連絡があったのは、偶然にも僕の米寿のサプライズパーティの日でした。5月21日のことです。

このパーティ、企画も主催も全部ちさ子。勿論、サプライズですから、私は知りません。


当日になって、塩見本人から僕に電話があったんです。

「髙嶋、俺、もう危ないかもしれない。医者から『もっても今日ぐらい』って言われた」

もう僕、ショックで、ショックで……。

自分一人では抱えきれないほど苦しくて、ちさ子に連絡したんです。

するとちさ子、塩見の携帯に電話をしてこう伝えたそうです。後になって知ったんですが。

「塩見さん、今日お父さんのパーティだから今日一日だけ頑張って生きてください」

50人ぐらいサプライズのために人を集めていたから、僕が塩見のところに行って欠席じゃまずいと思ったのでしょう。

塩見、ちさ子の言葉を受けてか、頑張りました。

「今日だけは、生きとけ！」って、直接電話をして、言えますか？

ちさ子は塩見ともとても親しかったので、彼女自身も思うところがあったのでしょう。

我が友、最高の親友は、6月6日に亡くなりました。

親友は私のために頑張って命をひきのばしてくれた。

第五章

仕事って楽しいものです

年をとってもルールを守り、対等に働く

ここからは仕事のことを少しお話ししますね。

51歳の時に、髙嶋音楽事務所を立ち上げ、2年前にちさ子の事務所と合併し、代表をちさ子に譲りましたが、それでも今も平日は毎日事務所に足を運んでいます。

まだまだ、私は才能溢れるアーティストを発掘して、プロデュースがしたいですからね。

で、サラリーマン時代の話です。

もともと僕は演出家になりたかったから、サラリーマンになるつもりはありませんでした。

でも、長年組織に属して働きました。

東芝音楽工業のプロデューサーから、キャニオン・レコードの設立に取締役制作部長として参加、その後はポリグラムグループに入り、チャペル・インターソング社長。ロンドンレコード副社長、ポリドールレコード常務を歴任。

さまざまな組織に所属しましたが、属したからには、そこでのしきたりを守る。

これが僕のポリシー。一種の礼儀でしょう。

ルールが嫌だったら、そこをやめればいいだけのこと。

それをできずに、文句をたらたら言いながらやっているのが一番良くないと思います。

そういう人、意外と多いんですよねぇ。

朝9時出社がルールなのにお昼ぐらいに出社するとか、そういうのが、実は僕大嫌い。

嫌だったらやめればいい。

社会人になったのなら、そこで自分の仕事をしっかりやらないと。

それにしても、「待遇が悪い（給料が安い）」って文句を言っている人ほどやめないものですね。

属したからには
組織のルールに従うべし。

タブーを逆手に

由紀さおりの「夜明けのスキャット」を手掛けた時の話をしましょう。

作詞、山上路夫、作曲、いずみたくの曲です。私がタイトルをつけました。

当時は、スパイダース、タイガース、テンプターズなど、和製ポップス、グループ・サウンズなどのヒット曲がいっぱいあった時代。

でも売れたんです。ヒットさせたんです。

売り出す前のこと。

編成会議（営業会議）で、実は落ちていたんです。

こんなの売れないよ、って。

日本の歌謡史始まって以来のワンコーラス「ルールルル」なんて、あり得ないと。

「いくら、タカシマちゃんでも、これは無理だよねぇ」

そこでワタシはこう言ったんです。作り話ですが、

「ビクターのディレクターに聴かせたら『東芝で落ちたらビクターで出させてほしい』と言われているんです。万が一ビクターから出てヒットしたとしてもそれは僕の責任じゃありませんよね⁇　のちのちのために、今ダメと言った方、ちょっと名前を聞いてもいいでしょうか」

と言いながら、手帳とペンを胸ポケットから出しました。

すると、営業の人間は、「おいおい」となるわけです。

「待て待て、出しゃ、いいんだろ」

（シメシメ）

ちなみに、手帳を出してメモをとるポーズの時の僕は、嘘をついている感覚なんてありません。ビクターの友達の顔まで浮かぶぐらい。真剣そのものです。

やれ、こうしてどうにか販売にこぎつけたものの、こんな状況下での発売決定ですから、実際には宣伝予算がゼロ。

そこで、ワタシ、考えました。

当時ヒットメーカーとして名の知れていた、いずみたくさんに、会社に来てもらいました。

全国のラジオ局に沢山いるブレーン的存在のディレクターに電話をかけまくったんです。

「タカシマです。今、代わりますね」

すぐに隣にいるいずみさんに受話器を渡し、

「いずみたくです。今度タカシマちゃんと、ちょっと面白い曲を作りましたから、聴いてみてください」

そして、もう一度ワタシが出ます。

「では、こちらからテープを送りますから」

と言って、電話を切ります。

でも送らない。

送ったとしても、「ルールルル」のテープをちゃんと聴いてくれるかどうか。まだわかりませんからね。敢えて送らずに、釣り糸を垂らして待つ作戦です。

すると、こうなるわけです。

「タカシマちゃん、あれどうなってんだ？　テープ送るって言ってたけど」

目論見通りです。

そこでワタシ。

「いやぁ僕もねー、どうなっているかわからないんですよ。録音（担当）にコピーしてもらっても、宣伝の連中が、右から左にみんな持ってっちゃって。手元に残らないんです。なんか聞いたら、東京中で話題になっているらしい」

ワンコーラスが「ルールルル」というのがマイナスだとしても、「話題になっているらしい」というのはプラスどころか大プラス。

当時は、東京放送（現・TBS）に仕事に行って、「昨日文化放送で」とか他局名を出すのはタブーの時代でした。

ワタシはそれを逆手にとりました。

ラジオ局の担当部長に頼んで、六本木の中華料理店にディレクターを20人ほど集めてもらいました。

部長が言います。「『夜明けのスキャット』は、もとはうちの番組『夜のバラード』のテーマ音楽だ。他局では絶対にかからない。タカシマを男にしてやろうじゃないか」

おかげで、東京放送でめちゃめちゃ「夜明けのスキャット」は流れました。

それを話すと、今度はニッポン放送の「オールナイトニッポン」でも、めったやたらに流してもらえました。

するとある日、宣伝担当者が言いました。

「タカシマちゃん、ひょっとしたらあの曲、売れるかもしれない。小学生の間で話題になっているらしい」

ませた小学生が、お母さんに頼んでオールナイトニッポンを録音してもらって聴いて、耳に残った「ルールルル」を口ずさんでいたんです。

初回出荷予定枚数が5千枚からいっきに20万枚に。トータルでは110万枚というミリオンヒットとなりました。

東芝レコード時代、
ベンチャーズ担当の安海《あつみ》と。

周囲の協力と駆け引き。
釣り糸垂らして待ってみる。

やり直せない失敗は、違うアプローチでカバー

会社での失敗話をここでひとつ（笑）。

新田和長という、レコード協会の副会長にもなった実業家がいます。

元は僕が育てたアーティスト。

古くはチューリップ、オフコースから平原綾香まで育てた敏腕プロデューサー。

その新田と一緒に作ったレコードのこと。

「海は恋してる／花ちゃん」（ザ・リガニーズ）。

B面が「花ちゃん」。「♪♪花ちゃん、花ちゃん、結婚しねか？♪♪〜」というアメリカのフォークソングの日本版です。

それを録音していた時に彼らのアイディアで「コンガ」（たいこ）を入れて収録したんです。

しかし、僕がその時忙しさからか、コンガを入れないで録音したテープを工場に送ってしまった。

上がってきたサンプル盤を聴いた新田が、目を三角にして、私のところに来ましたよ。

「コンガ入っていないじゃないですか」

（しまった！）

一瞬目をつむってから、

「新田、ディレクターは誰なんだ」

「あ、髙嶋さんです」

「俺、ほんとに忙しいんだよ。その俺が何回あれを聴いたと思ってる？」

新田、「(無言)」。

「その俺が50回は聴いた。……コンガない方がいいっ！」

そうしたら、新田。

「あ、いや、僕もそう思うんですが、ムトウ（ザ・リガニーズのメンバーの一人）がうるさいんですよ」


上に立つ者はね、失敗したことを言った方がいい時は言えばいい。そう思う。

失敗したことがやり直せるなら、やり直せばいい。

でもそれができない時は、自信持って言わないと。


ついでに新田のエピソードをもうひとつ。

新田の子分に坪野というのがいましてね。

当時、新田は東芝の社員。僕はもうキャニオン・レコードに移っていました。

（キャニオン・レコードの同族会社である）ポニーには坪野がいた。

坪野と話していた時のこと。坪野はヒットも出していますが、新田の早稲田大学時代のフォークソング同好会の子分でもあります。

「髙嶋さん、僕いつも新田さんにえらそうにされてるんですよ（笑）」

なんて言う。

僕が「そうか、ちょっと待ってろ。俺が今やってやる」とね（笑）。

当時、ヤマハリゾートが運営していた「合歓《ねむ》の郷」というのがあって関係者はバンガローに招待されました。そこに新田も行きました。

13年に1回というジャコビニ流星群が見られる日。

夜空を見ようと、英虞《あご》湾の近くの海辺に出たところ、後ろに漁師が捕っておいた貝が積んであったらしい。新田はボーイスカウト出身で、団長までしていたぐらいですから。その場で焚火をして焼いてみんなで食っちゃったらしい。

その話を坪野から聞いちゃった、僕。

ふむふむ。任せておけと。


ある日の僕、東芝に電話をしました。

真実味を出すために東北弁で（笑）。方言の方が効果倍増かと思って。

「もすもす。そつらに新田さんっておるけんな？」

電話に出たのは、聞きなれた声の昔の同僚。

懐かしい声で「おーい。新田。電話だぞ」と新田を呼んでいます。

新田が、電話口に出てきました。

「もしもし」

「新田さんかね？　ズモト（地元）の業者さんから訴えがあって。おめえたちがりょうす（漁師）さんの置いておいた貝を食べたとかで、今わたすは、裏付け捜査をすとる。おめ以外に誰が食べたが？」

新田、えらいですよ。

「いや、申し訳ありません。あれは俺一人でやりました。他の人は関係ありません」

ってね。

「そうすか。わかりすた。ではまた電話するかもわかんねぇ」

と、こう言って、電話を切りました。

隣で坪野も喜んでね〜（笑）。ほら、いつも新田にいじめられてるから。

で。その後しばらく経ってから、（英虞湾警察って勝手に名前作って）新田に、

「新田あのさ、英虞湾警察から連絡があったって聞いたけど？」

しばらく黙っていましたよ。その後、新田が、

「やられた〜」って。

その新田ですが、出会いは55年前。初めて会った時のことです。

彼のお父さんが東芝に勤めていたんです。

僕がカレッジポップスをやろうとした時、宣伝部の武川さんが、新田のお父さんとともに、新田を連れてきました。

「早稲田でフォークソングやっているから、東芝から出してほしい」ってね。

お父さんと武川さんにお帰りいただいた後、僕は、新田にこう怒鳴ったんです。

「お前な。本社のお父さん連れてきて俺がお前のレコード出すとでも思ってんのか!」「本社の社長が言ったって、ダメなモノは出さないっ!」「お前らね、そんなことやっているから最近の大学生は幼稚園児と一緒だって言われるんだよ」

そうしたら、新田、怯《ひる》まずにこう返してきましたよ。

「今日のところは失礼します」ってね。

そして、あくる日一人でやってきて、まじめな顔でこう言うんです。

「髙嶋さん、今日は一人で来ました」

そんな新田とも長い付き合い。いい男ですよ。

それにしてもどれも笑っちゃう思い出。こんなふうに楽しく仕事をしてきましたね。時々悪さもしながらね（笑）。だから仕事はやめられませんね。

前列左が新田和長。右が高嶋。
後列左が朝妻一郎。右が青柳茂樹。

ユーモアもエッセンスに。
時に機転をきかせ、
誠意を持って働く。

空気を読んで、相手との距離感を見極める

ちょっとここで、まじめな話を。

私の、仕事の秘訣です。僕の才能と言ってもいい。

空気を読む達人です！

我々の仕事、交渉がすべてですからね。いかに先を読んで先手を打つか、ここですよ。

出会った瞬間に、わかるんです。相手の人柄も、ニーズも。瞬時に読めます。

これで仕事をやってきたし、今の対人関係のベースにもなっていると思います。

「空気を読む」ということは、自分の立ち位置や発言を瞬時に冷静に見て、「どの方向に行ったらいいいか」を見極めるということ。

レコード会社時代なんて、まさに空気の読み合いでしたよ。

相手のボールの出方を見て、それに合わせて、自分がどう発言するか決めます。

たとえば、会話の途中で相手が大学の同窓生ということがわかったとする。

すぐに「なーんだお前、俺の後輩かよ」と言いたいところですが、すぐにはしません。

それだって瞬時に読みますよ。言われて嬉しい人か、引いてしまう人か。

ジョークが通じない人に、ラフな発言をしてもその場の空気が悪くなる一方ですし、ましてやウケ狙いなんてしてしまおうものならば、しらけまくります（笑）。

逆に、「先生」とばかりに持ち上げないと満足しなそうな人だな、と感じたら、気持ちよくなってもらうために、そのあたりは徹底しますよ。

だってその方とも、気持ちよく楽しく会話をしたいですから。基本はね、そこなんです。

僕、冒頭で何も考えずにノリで話す、みたいなことを書きましたけど、それはありのままを話すから。ほら、嘘をついている時ってつじつま合わせるために考えながら話すでしょ。

ありのままを話す時は、その必要がない。と、同時に空気は読む。ここがミソ。

結局、地球上には人間しかいませんから。手を取り合って生きていき、会話を楽しむ相手というのは。だから、どんな人とも仲良くして、楽しく過ごすべきなんじゃないかな。

人付き合いなんて、結局、そういうことですよ。

言い換えれば、どんな場でも空気を読む力が身に付けば、たいていの人と仲良く、気持ちよく会話ができる、ということです。

89年生きてきた僕が言いたいのは、相手を気持ちよく楽しませるためにも、とにかくその場の空気は読んだ方がいいってことです。

独立して髙嶋音楽事務所を立ちあげた頃。日債銀の中島部長と。

空気を読んで相手のニーズをとらえ、出方を決める。

ちょっとした「応援コメント」は欠かさず送る

実はマメなワタシ。自分が観た作品の感想はなるべく送るようにしています。

受け取る側も「観てもらった」ということがわかって何より嬉しいかな、と思うんです。

コメントは長々と書きません。良かったな、と感じた点を端的にまとめます。

こういう時、徹底していることがあります。

悪いことは書きません。そういう時は、送りません。

ただ相手のいいところを伸ばしたいから。

人は、自分の悪いところは言われたくない。自分の欠点は誰より自分がわかっている。それを人から指摘されたくないですよね。だからそこまではしません。

相手が嫌な気持ちになるとわかっていて、指摘するのは家族ぐらいですよ。とはいえ、僕、ちさ子のコンサートの感想も基本的に褒めることしかしません。明らかに修正や変更の余地がある時は、やんわりと言いますが、やはりそういうのって、向こうもわかっているものなんですよね。「そうそう、私もそう思っていた」って。

家族であっても互いにプロですから。私もわきまえるところはわきまえた上でね。

他人であっても「これはやっぱり言っておいた方がいいかな」という時は、相手の気分を害さないうまい表現で伝えてあげるというのも親切ですよね。言葉選びを慎重にした上で。

とはいえ私は人にそこまでするほどの親切心は持たない方がいいって思っています。

だってやっぱり、みんなといつも仲良くしていたい僕。

「もう会いたくないよ」なんてなるのほど、辛いことはないですから……。

人間関係はこまめに
Keep in touch!
親切心はほどほどに。

東芝レコード時代。
正月かな。

詩「一本の鉛筆」が教えてくれたこと

仕事のアイディアは湧き出るように出てきたものです。

ただ、出せばいいというものではなくどう宣伝するか。

皆さんご存知だと思いますが、企画というものは、立案してから宣伝までの一連の流れが立派にできてこそ、成功に導かれるんです。

それを考えて仕事をずっとしてきたからこそ、ヒット作を連続して出すことができたと思います。要は、どう魅せて人に知らせていくのか、なんですよね。

「一本の鉛筆」という素晴らしい詩があります。反戦歌です。

美空ひばりさんが広島での平和音楽祭で披露した曲です。

ひばりさんが、この歌を歌う時は表情が違うと言った人がいました。

ある女性が、旦那さんとお子さんを亡くしたという内容の詩です。

僕はこれを聴いた時、感動して、もっと多くの人に知らせたいと思って、CDを作りました。それを聴いた広島のテレビ局の方が取り上げてくれた。するとと朝日新聞の当時の広島総局長もそれに乗って、担当者が我が家までやってきてくれました。

結果、3面記事にカラーで大々的に掲載の運びになったんです。夕刊にも掲載されました。

度肝を抜く記事でした。これまでこんなにうまくいったことってありませんでしたから。どれだけ売れるのか、僕、思わず電卓を叩いてしまいました。

どれだけの反響があるか、と、正直、考えてしまいました。

8月6日の平和記念式典の前日には現地で「一本の鉛筆」を歌うコンサートを行いました。でも全然人が集まらなかったんです。

原爆ドームの前に佇み、僕はこれをビジネスにすべきではなかったと気づいたのです。今も胸が痛みます。

ただ純粋に伝えたかったこの詩を、最後に紹介します。

「一本の鉛筆が　あれば
私はあなたへの　愛を書く
一本の鉛筆が　あれば
戦争はいやだと　私は書く

（中略）

一本の鉛筆が　あれば
八月六日の　朝と書く
一本の鉛筆が　あれば
人間のいのちと　私は書く」
（作詞：松山善三）

相手を思いやる心は
どんな時も忘れてはならない。

原爆ドームの前で
やったコンサート。

最終章

老人こそ
レット・イット・ビーで

俺は死なない

人生あっけないな、と思います。
時々兄貴のことを思い出します。
若い頃は下宿先も一緒で、兄のために芸名まで考えた。
そんな兄が今、生きていないからね。
人生は一炊の夢ですよ。
けれども、僕らは生きなくてはいけない。生きていかなければならない。
だからこそ、僕は笑って、生きていきたい。
人に迷惑かけず、「髙嶋といたら楽しいな」と思ってもらえるような生き方を

したい。

今89歳でしょ。100歳は軽くいっちゃうだろうなって思っています。


今も思い出すのですが、小学校の校庭で校長先生の話を聞いている時、ふと、

「俺は死なないな」

と感じた瞬間がありました。

「人間は死ぬ。だけど俺は死なない。死なんて迎えないな」

なぜそんなふうに思ったのか、よくわかりません。

もしかしたら、当時は従兄が死んで葬式に出ることも多くて、凄くショックを感じてて、あっけなく訪れる「死」に抵抗感があったからかもしれないし、残された人々の苦しみを見て、「周囲を悲しませたくない」と思っていたからなのかもしれません。

「自分は死なない。決して、皆を悲しませないぞ」

と。

死は、「人生の卒業式」ですが、残された人にとっては「悲しみの始まりの日」でもあるわけです。

自分が旅立った後に、残された人が「髙嶋は面白いやつだった」と笑って話してくれる方がいい。子どもや孫たちが、悲しんだり、悔やんだり、苦しんだりするのだけは嫌ですね。笑って見送ってほしい。僕がいなくても、変わることなくこれまで通りの人生を送り、前に進んでほしい。そうやって生きていってほしい。

それでなければ「僕は死ねません」から。

死への抵抗感は
周囲を悲しませたくないから。

人生は不可解

それにしても、ですね。
年をとったらもうちょっと悟りを開くかと思いましたが、違いましたねぇ。
全然開いていません、開きませんでした。ほんとに（笑）。
過去に仕事で聞いたお坊さんの法話も、あまり心に響かなかったですし。
法話を聞けば何か人生観が変わるかな、と期待したのですが、まったくでしたねぇ。
それだけ人生は不可解、ということですよ。

ただ生まれた以上はしっかり生きなくてはいけない。繰り返しになるけれど、そこです。生まれてきた責任かな。

せっかくこの世界に生を享《う》けて、いろんな人に助けてもらって、生きてきたんだもの。

親はきっと子を選び、子もきっと親を選び、この世界で親子として出会えたのです。

時々母を思い出しますよ。料理上手でテキパキと、子どもたちのために生きてくれた母。

そして、僕も最後まで生をまっとうし、子どもたちに生きざまを見せて、子どもや孫たちが彼らなりに得た学びを次の世代へと継いでいってほしい。命を繋いでいってほしい。

この世に生まれ落ちた責任というのはそこですね。

勝手なことを言わせてもらえば、そのためには、自分が楽しくあらねばならぬ。

人生の幕引きまで笑顔でいたい。
人生が不可解だからこそ、笑顔を忘れず、毎日楽しく生きていくしかないのです。

アメリカから帰国した後、
家族5人で。桜の季節。

人生は最後まで悟れません。

死ぬまで仕事

旅行をしたい、と前に書きました。
今一番行きたいところは、パリです。
パリに行って、シャンソン歌手を見つけたい。
埋もれた才能を発掘したい。それを世に広めたい。
出会いたい。才能や人や感動に。
そのために、僕は生きているようなもの。
本当にね、自分が見つけた子が売れていくって、それはそれは楽しいですよ〜。

なんていうか、いい歌を見つけてそれが世に受け入れられた時の、

「俺は間違えていなかった」

という感覚ですかねぇ。

そういうのが、すっごい嬉しい。


私は今も、「加羽沢美濃」「1966カルテット」「山田姉妹」らアーティストのディレクターとしての活動をしています。

加羽沢は作曲家兼ピアニスト。ちさ子とのユニット「Chisa & Mino」を結成して早25年。メディアの露出も増えており、加羽沢の知名度も上がってきたように思います。

「1966カルテット」は、ヴァイオリニストの松浦梨沙をリーダーとした女性4人組。こちらはデビューして13年目。グループ名は、ビートルズが日本公演のために来日した1966年から名付けました。クラシックのテクニックで洋楽ア

ーティストの楽曲のカバーを行っています。昨年の、ビートルズのデビュー日である10月5日には、渋谷のライブハウスでビートルズの曲を演奏しました。「山田姉妹」は二卵性の双子ソプラノデュオです。デビューは、2017年。どのアーティストも素晴らしい才能の持ち主で、これからが非常に楽しみです。

芝居の演出家を目指していた時期もありましたが（かなり若い頃です……）、今は、芝居とか音楽とかに限定せずに、自分が伝えたいと思う素晴らしい人なり作品なり……を、世に発信して、感動のおすそわけをしたいと思います。

それが私の仕事と人生の原点です。

ただ「伝えたい」「喜ばせたい」それだけなんです。

これからも多くの人に、感動のシェアをしていきたい。そのためにも、いろんな人々との出会いを求めて動き続けようかな、って思っています。

沢山の人との出会いが私の好奇心や向上心を満たし、仕事の意欲もさらに高めてくれます。まだまだ、これから。89の私にも知らないことばかり。そんな気持ちで働き続けたいですね。

働くということは、動くことです。

まだまだ自分は何も知らない、
という姿勢で動く。

歩を止めるな

私たちは生きています。歩を止めることはできないんです。前に進まないといけない。

長い人生、時には苦渋の決断をする時もあります。

でも、どんな決断をしたとしても、それに悔いがあったとしても、振り返ることなく、責めることなく、絶対に前に進まないといけない。それが人生というものです。

悲しいことは沢山ありました。誤算だったのは妻との別れでした。

凄く辛かったけれど、生きてきました。
歩を止めず、ここまで歩いてきて、
そして今が一番幸せ、と言える人生になりました。
人生、わからないものです。

今日という日を楽しめなければ、明日も楽しめません。
せっかくの人生です。自分の「好き」を見つけて、それを強みにする。そして、それをもって、どこかの誰かに喜んでもらいたい。そのためには自分には何ができるのだろうか、と考えて生きていくと、きっと豊かな人生になると思います。

歩を止めず、笑顔で毎日過ごしていきましょう！

人生、振り返ってはならない。ただ前に進むべし。

ピアノ、弾けるように見えるでしょ。でも実はウソ。
弾いているマネをしているだけです。

50代の頃、山が好きで毎年のように登っていました。この時は、たしか五色ヶ原から黒四ダムを目指して下りてきたところ。

興味忘れず、レット・イット・ビーで

ショパン協会の国際連盟の理事をやっていた時にドイツ・ハンブルクに行きました。

「この街、美術館あるかな」

探し歩きました。

ドイツの美術館には、知らなかった画家の絵がいっぱい飾ってあるからです。

それらを見ると、凄く得した気分になるんです。

あぁいい絵を発見した！　いい絵に出会えた！　って。

こういう感動がたまりません。

音楽も然り。芸術への興味は尽きません。

そんな興味がある限り、人生には発見がある。

人生の最後まで「興味を持つ」ということを続けたいと思っています。

出会うものすべてに、心を動かし、感謝して、それを言葉にして表現し、生きていることを感じる毎日でいたい。それがワタシのコレカラ、ですかね。

私がいつも言うのは、「人生を豊かにする3Ｋ」。

1に興味、2に感動、そして3に感謝です。

そのベースにあるのが、「興味」です。

年をとっても興味を持つことを忘れずに生きていきましょう。

興味とセットでやってくるのが「感動」です。

そのためにも「動く」ことです。繰り返しになりますが。

動かないと、始まりません。

拾えません。感動にも気づけません。

そして、最後に。感謝してあるがままに生きる。「レット・イット・ビー」。
また、いつかどこかで会いましょう。

さあ、みなさん一緒に
レット・イット・ビー!!

番外編

ビートルズと僕

番外編として、ビートルズのことを少し。

やはり、こればかりは外せません。

ちさ子は「世界的にヒットしているビートルズを『自分が売り出した』なんて言うのは恥ずかしいよ」と言いますが……。

ビートルズの仕掛け人

ビートルズは、1962年10月、「ラヴ・ミー・ドゥ（LOVE ME DO）」で、イギリスでデビューしました。

当時は、同じ英語圏ということもあってか、アメリカのプレスリーがイギリスのポップス・チャートを占めていました。

かたや日本では、イギリスのポップスはほとんど知られておらず、売れてもいませんでした。私はビートルズの初代担当ディレクターとして、サンプル盤を持って各放送局を回りましたが、プレスリーなどオールディーズの音に慣れている耳にはすっと入っていかないのか、イギリスのポップスということで興味もなかったのか、感触はよくありませんでした。そこで私は彼らを「イギリス・ポップス界の突然変異」としてプロモートすることにしました。

当時、東芝レコードは、有楽町駅前の朝日新聞社ビルの6階にありましたが、隣には西銀座デパートがありました。私はその2階アーケードにテナントとして入っていた「京橋テーラー」に飛び込み、こう言ったんです。

「エライことになりました！　イギリスにもの凄い4人組が誕生して、プレスリーなどアメリカ勢ポップスを上回る人気なんです」

ちょっと芝居じみて言いました（実はワタシ、演劇専攻です……）。

「私は彼らからすべての権利を任されています。ご近所のよしみで、ぜひおたくにその権利をお譲りしましょう。襟なしスーツを作ってください。ただで権利を譲るわけですから、30着はご提供を。そして袖口には4人の写真を貼ってくださ い」

とね。すると京橋テーラーの社長（行商人からのし上がっていった凄い方だったようです）は、ハッタリいっぱいの私の話に興味を持ってくださったのです。「NOBLE CASTLE（ノーブルキャッスル）」というブランドで、ジャケットとスラックスをビートルズとコラボしてくれて、百貨店で販売するということになりました。

その広告は、レコード「抱きしめたい」の歌詞カードに掲載されていた東芝本社のステレオ演奏機器の広告と入れ替えで、掲載されました。

実はこれらの流れはすべて上司に相談せずに勝手にやりました。上司は相談されてもOKを出せないでしょうし、時間がかかること間違いなし。勝手が一番です。

京橋テーラーから提供された30着は、セールスマンたちに着用させて、ビートルズのＬＰを持って、銀座４丁目の交差点などを行進してもらいました。

銀座のど真ん中で、ビートルズ・プロモーションです。

勿論、マスコミにも声をかけ、新聞や雑誌に紹介されました。

ビートルズ・カットの裏話

ビートルズの髪型は当時マッシュルーム・カットと言われていましたが、マッシュルームという言葉はあまり知られていないのか、浸透しませんでしたから、私が「ビートルズ・カット」と名付けました。

今だから言いますが、部下を私の行きつけの五反田の理髪店に連れて行き、理髪店新米弟子の稽古用長髪かつらをかぶせ、

「早くも街の理髪店に現れたビートルズ・カットをしてもらう若者」

と、テレビで日刊スポーツ芸能ニュースとして流してもらいました(笑)。いわゆるやらせです。私が日刊スポーツの記者に根回ししてね。

女子高生に「キャー」のお願い

日本でのビートルズ第一弾「抱きしめたい」の発売は1964年2月ですが、その時には会社はすでに有楽町から赤坂の溜池に移っていました。近くには日比谷高校。そこの何人かはファンクラブにも加入してもらって、私を助けてくれていましたので、女子高校生5人ほどにレコード・コンサートに来てもらいました。いいステレオ機器でのレコード・コンサートには人が集まった時代。その5人の女子高校生には、「歌が盛り上がってきたタイミングで合図するから『キャー』と叫んでくれ」とお願い。はじめは20人ほどのコンサートの中の5人でしたが、終わりの頃には、ほとんど全員が示し合わせたように「キャー！　キャー！」と大歓声。コンサートの終了後には「次回は○○で、レコード・コンサートをやります」と告知。そうこうして、来場者数も、キャー数も!?　増やしていきました。

女子大生に「電話リクエスト」のお願い

「抱きしめたい」を発売した年（1964年）は、文化放送で「電話リクエストハローポップス」という番組が始まろうとしていました。この番組は午後5時から電話リクエストを受け付けて、7時から2時間の生放送です。その番組プロデューサーは大学の先輩の金子さん。私は、

「金子さん、電話リクエストの集計係に、ファンクラブの高校生を雇っていただけませんかねぇ。ファンクラブで色々と世話になっているので、アルバイトをさ

せてやりたいんです」

こう頼むと、３人を雇ってもらえることに。

ある日、油壺の諸磯湾にあった兄・高島忠夫の別荘に、日比谷高校の生徒５人ほどと、女子大生３人を連れて行きました。自然そのものの場に構えた海の家で、彼女たちにビートルズを聴かせました。

「突然変異と言うべきこの４人のグループがイギリスのリバプールに誕生した。いつまでも、プレスリーでいいのか？　このビートルズが日本で売れるかどうかは君たちの双肩にかかっているんだ」

と私。全員が声を揃えて、

「やりましょう！」

高校生たちには、はがき大の「文化放送ハローポップス」と書かれたリクエスト用紙を何冊か持って帰ってもらいました。用紙に「ビートルズ／抱きしめたい」などとリクエスト曲を事前に書いてもらうためです。３人の女子大生には

「プレスリー」ときたら「ビートルズ」と書くように依頼。

このような根回しで、少しずつ女子高生の間で人気が出てくるようにはなりましたが、レコードの売上はベンチャーズに追いつくものではありませんでした。ビートルズのアルバム5万枚ぐらいの時、ベンチャーズは100万枚を超えていたぐらいですから。

週間売上速報もハッタリ

鮮烈な日本上陸を見せていただけに、実際の売上をマスコミの関係者に伝えることはとてもできませんでした。

B5サイズの用紙に「週間売上速報」なるものを作りましたが、そこにはベンチャーズの売上からはゼロをひとつとって、逆にビートルズには数を増やしまして、用紙の左上には赤の㊙判を押します。その用紙を私の大量の書類やサンプル盤が載せられた机の上に㊙だけちょっと見えるような形で置いておきました。

ラジオのディレクターや新聞・雑誌記者らマスコミが会社に来た時は、私はわざと席を外しました。

彼らは私の席を覗き、㊙資料を「ん？　何だこれは？」と見るわけです。

頃合いを見計らって私は自席に戻ります。すると皆がこう聞いてくる。

「髙嶋さん、今週、ビートルズはどんな具合？」

ってね。

私は自分からは回答しません。敢えて部下にこう言います。

「おい、橋場、今週のビートルズの売上はどうなってる？」とね。

橋場とは事前に打ち合わせ済み。

「今週はですね」

こう見せていく。

ヒットは作るもの。見せるものです。

その後、ビートルズが世を席巻していったのは、皆さんご存知の通りです。

こうして書いていて、安海《あつみ》を思い出しました。彼はベンチャーズ担当の燃える男でした。それにしてもひどいことをしたものです（笑）。彼の功績でもあるベンチャーズの売上の数字を1桁とっちゃうんだから。

ジョン・レノンが加山雄三を羽交い締め

1966年、ビートルズが武道館での日本初公演のために、日本へやってきました。

彼らが宿泊していたのは、会社近くのヒルトン・ホテル（現キャピトルホテル東急）。私は上司と加山雄三さんと3人で彼らに会いにホテルに向かいました。

実は羽田空港まで迎えにも行きましたが、会えませんでした。空港で出迎えられなかった分、ホテルで歓迎するため緊張しながら行きました。

部屋に入っていくと、遅れてやってきたのがジョン・レノン。おどけた表情で、加山さんを後ろから羽交い締めするではないですか。加山さんはびっくり仰天です。それまでは堅いビジネスモードの挨拶をしていた我々の空気は一気に変わり、皆で大笑い。特にポール・マッカートニーは大爆笑でした。

その後は、ビートルズのみんなと食事をする予定だったのですが、マネージャーのブライアン・エプスタインと別室でミーティング。上司と私は、まるで織田信長を前にして平伏す豊臣秀吉状態でした。

ホテルを出た時は何と表現すべきか……怒りに似た思いがありました。どれだけ我々がビートルズを売るために努力したのか。武道館コンサートでは、ビートルズがいかに遠い存在になってしまったかを痛感しました。

初めて会ったビートルズの4人はそう大柄な印象ではなく、普通の若い青年のように映りましたが、大スターでありながら礼儀正しさとユーモアを持った魅力を感じました。

ビートルズの日本語タイトルは、タカシマ流

「抱きしめたい」からすべて、ビートルズの日本語タイトルは私が付けました。英語力もハッタリの私。感性と感覚で付けました。

余談ですが、これもビートルズの楽曲である「Norwegian Wood」＝「ノルウェー製家具」を「ノルウェーの森」に誤訳してしまったのは皆さんもご存知かと。その後村上春樹がこのタイトルで大ベストセラー小説を書きました。彼は「ノルウェー」ではなく「ノルウェイ」としています。神戸高校の後輩、早稲田大学の

専攻まで同じ。先輩面して「おい、印税よこせ」と言ってもいいかな（笑）。

さて東芝時代ですが、実務を後輩の水原に任せてからは、私よりも英語力が優れている彼ですが、和訳に慎重になりすぎてか、結局一曲も日本語タイトルを付けませんでした。

後になってからですが、通称「ホワイト・アルバム」の一曲、「While My Guitar Gently Weeps」には水原が日本語タイトルを付けていませんでしたので、「ラジオでアナウンサーがタイトルを紹介する時、『ホワイル・マイ・ギター・ジエントリー・ウィープス』なんて舌を噛むぞ」と話していました。「俺だったら『ギターは泣いている』としたかなぁ」とね。

こうしてベンチャーズ、ビートルズブームを経て、日本の音楽界の流れが変わっていきました。

和製ポップス、グループ・サウンズのブームが起こりました。各社とも、洋楽担当者がこの流れに参戦していきました。

おわりに

拙著をお読みいただき、ありがとうございました。

「はじめに」で、『笑う老人生活』を送りましょう」と書きましたが、人生、それほど甘いものじゃなく、笑っている場合じゃないよ、と言いたいことも起こりました。

まず「徹子の部屋」。出演後は沢山の方から「面白かったよ」「元気もらった」と言っていただきましたが、私自身は、まったくトークのノリが悪くて、ひどく落ち込んでしまいました。その後、何か所かで講演会がありましたが、どこも、不出来なトークばかり。どうも調子が出ないんです。

ところが、先日。ある有名生命保険会社からの依頼で、トップセールスパーソン250人を前に、しゃべりに行ったんですが、さすが世界的称号を肩書に持つ方々です。聞き上手で、私が壇上に上がっただけで大きな拍手で迎えてくださり、ちょっとした話にも大爆笑。これでワタシが乗れないわけがありません。髙嶋、調子を取り戻しました。

続けて、新潟市であった講演会。会議室で30人を前におしゃべりをしました。椅子が用意されていたのですが、立ってしゃべる方が皆さんのお顔もよく見えますし、格好いいかと思いまして。皆さんの拍手や爆笑のおかげで、さらに調子が出てきて、1時間半立ったまましゃべり続けました。

もう終わった時は両足がパンパン。一歩も歩けないあり様。それでもだましだまし歩いて新幹線で帰京。品川駅からはタクシーで自宅まで。特に左足のふくらはぎの痛みが強くて、勿論、整形外科医院に。医師からは「30分立ったら10分は座るように」と言われて、帰りに薬局で湿布を購入。近くの整骨院にも行き、筋肉痛をもみほぐしてもらったら、もとに戻りました。89歳にしては、「おぬし、回復が早いのう」と我ながら、感心してしまいました。

今年は、家内が亡くなって6年。7回忌です。友人、知人も招いてしのぶ会を行きつけのホテルにある中華料理店で行いましたが、手配から当日のご挨拶含む進行まですべて私が担当。終わってみるとさすがに疲れて、「おぬし、回復が……」がどこかに飛んでしまって、まったくのよぼよぼ歩きに戻ってしまいました。

でも安心してください。すぐに「笑う老人生活」を取り戻します。

髙嶋弘之、89歳ですが、90になろうが、100になろうが、こうやって、常に笑いとともに元気を取り戻し、皆さんに笑顔を届けていきたいと思います。

これまでの人生を振り返ると、順調に歩んできたわけではなく、山あり谷ありで、多くの挫折を乗り越えてきました。大空襲で我が家は全焼しましたし、国民学校卒業後には、進学校として名高い灘中（灘中学校）の入学試験に落ちてしままった。早稲田大学第一文学部演劇専攻にはストレートで入学できたものの、憧れの松竹大船撮影所の助監督試験で、応募総数3千人余りの中から絞りこまれた48人には残りましたが、最後に面接で落ちてしまいました。音楽業界に入りましたが、東芝レコード退社後、キャニオン・レコードではヒット曲には恵まれず、取締役を解任されたり、辞表を出したり。音楽出版社に入社して日本支社の社長になり、本社がイギリスのレコード会社を買収したのちには、代表取締役副社長になるも、その後は会社がなくなり、系列の会社の常務になり、さらに取締役も解任という始末……。51歳にして毎月の給料がもらえなくなりました。大きな挫折です。でもその時、真っ暗闇のトンネルの中で考えました。

60歳になった時、70歳になった時、そして80歳になった時、私はどう生きているのかと。

そして思いました。私は負けるわけにはいかない、と。勝ち残ってやる。笑って暮らせる老人になるんだ、と。

あれからおよそ40年が経ちました。笑う老人が、本を出すことになりました。この本の誕生のきっかけをくださった阿部容子さんに、それを受け取ってくださった幻冬舎の福島広司さん、鈴木恵美さん、執筆にあたって多々助言をくださった「週刊朝日」の元記者の大崎百紀さんに、厚く御礼申し上げます。

それにそれに、この本を買ってくださった皆さんに、声を大にして「ありがとうございます」。

髙嶋弘之（昭和9年5月18日生）

〈著者プロフィール〉

高嶋弘之（たかしま・ひろゆき）

1934年生まれ。株式会社シンバ取締役兼ゼネラルプロデューサー。
東芝レコード時代に、ビートルズ担当ディレクターとして一大ブームを作り上げた後、由紀さおり、ザ・フォーク・クルセダーズ、谷村新司等を手掛ける。その後、キャニオン・レコード（現ポニーキャニオン）を経て、ポリグラムグループ（現ユニバーサル）の要職を歴任した後、独立。高嶋音楽事務所を主宰し、現在に至るまで数多くの人気クラシック・アーティストをプロデュースしている。兄は、故・高島忠夫。次女は、バイオリニストの高嶋ちさ子。

笑う老人生活

2023年11月15日　第1刷発行
2024年 7 月25日　第3刷発行

著　者　高嶋弘之
発行人　見城 徹
編集人　福島広司
編集者　鈴木恵美

GENTOSHA

発行所　株式会社 幻冬舎
〒151-0051　東京都渋谷区千駄ヶ谷4-9-7

電話　03（5411）6211（編集）
03（5411）6222（営業）
公式HP：https://www.gentosha.co.jp/

印刷・製本所　TOPPANクロレ株式会社

検印廃止

ISBN978-4-344-04199-8　C0095

この本に関するご意見・ご感想は、
下記アンケートフォームからお寄せください。
https://www.gentosha.co.jp/e/